Said I Wasn't Gonna Tell Nobody

誰にも言わないと言ったけれど

黒人神学と私

James H. Cone

ジェイムズ・H・コーン
榎本空——訳

新教出版社

The Making of a Black Theologian

Said I Wasn't Gonna Tell Nobody
The Making of a Black Theologian
By James H. Cone

Translated by Sora Enomoto
Published by Shinkyo Shuppansha, Tokyo

誰にも言わないと言ったけれど
I Said I Wasn't Gonna Tell Nobody

〔コーラス〕

誰にも言わないと言ったけれど

I said I wasn't gonna tell nobody, but I

言わずにはいられない！

Couldn't Keep it to myself!

言わずにはいられない！

Couldn't keep it to myself!

言わずにはいられない！

Couldn't keep it to myself!

誰にも言わないと言ったけれど
I said I wasn't gonna tell nobody, but I
言わずにはいられない
Couldn't keep it to myself,
主が私にしてくれたことを！
What the Lord has done for me!

〔ソロ〕
あなたもあそこにいたなら
You oughta been there
あなたもあそこにいたなら
You oughta been there
主が私の魂を救ったとき
When He saved my soul

魂を救ったとき
Saved my soul
あなたもあそこにいたなら
You oughta been there
あなたもあそこにいたなら
You oughta been there
主が私の名を呼んだとき
When He put my Name on the roll
私の
You know that I
足が動き出し
Started walkin'
私の
You know that I
口が語り出し
Started talkin'
それから

Then I
歌が始まり
Started singin'
それから
Then I
声が響き渡る
Started shoutin',
主が私にしてくれたことを！
What the Lord has done for me!

——黒人霊歌
Traditional gospel hymn

目次

Cornel West

コーネル・ウェスト

序文

親愛なる兄弟、コーン。言葉は無力であります。どんな表現も十分ではないでしょう。コーンは現代神学における世界的、歴史的な人物でした。そこに疑いの余地はない。現代キリスト教に向かって、もっとも小さき者の立場から強烈な批判と告発を行った偉大なる預言者でした。そこにも疑いの余地は一つもない。しかし、コーンが私たちに求めているのは、十字架と十字架に滴る血というレンズを通して彼を見ることではないでしょうか。ですから私は、コーンが体現した伝統を確認することから始めたい。四〇〇年にわたってトラウマを受け続け、それでもなお世界に向かって、癒すことをこれほどまでに教えた人びとの伝統。四〇〇年にわたって生命を脅かされ続け、それでもなお世界に向かって、自由をこれほどまでに教えた人びとの伝統。四〇〇年にわたって憎しみを受け続け、それでもなお世界に向かって、愛を、愛し方をこれほどまでに教えた人びとの伝統。ジェイムズ・コーンは、知的なひねりの効いた愛の戦士でした。泥臭いジム・クロウのアーカンソーに根を張りつつ神学の世界の頂点にまで上り詰め、しかしその世界の偶像に一度も誘惑されることのなかった人でした。

私たちが語ろうとしているのは、まさにこのコーンなのです。

両親であるルーシーとチャーリー無くしては、ジェイムズ・コーンは存在しませんでした。彼の傑作、『十字架とリンチの木』。白人優越主義と利己的な資本主義、ホモフォビア、トランスフォビア、男性優位主義に貫かれたアメリカ帝国が存続する限り、この書物が妥当性を失うことはないでしょう。彼は同書の謝辞をルーシーとチャーリーへの言葉で締めくくっています。「驚くべき愛と素晴らしいユーモアによって……誰かを憎むことから私たちを守り、幸せな家庭を築いてくれた」ことに対する彼らへの感謝で。

ここに共鳴しているのはエメット・ティルの母親の声でしょう。「私に誰かを憎む暇はありません。私はこれからの生涯を正義のための闘いに捧げます」。ここに共鳴しているのはジョン・コルトレーンの『至上の愛』であり、トニ・モリスンの『ビラヴド』（愛されし者）であり、愛で溢れかえったジェイムズ・ボールドウィンのエッセイなのです。ジェイムズ・コーンは、この偉大な人びとのおおいなる伝統のうちに、自らを据えました。マセドニアAME教会〔アフリカン・メソジスト監督教会〕、アーカンソー州のジム・クロウ側、チョコレート側に立ったこの教会は、このニグロの天才少年に何かを教えたのです。彼はユニオン神学校にたどり着くずっと前から、すでに闘う用意ができていました。そして人びとに揉まれ、問われ、変えられてきた彼は、背筋を伸ばして堂々と立つのです。

彼はまっすぐとこう言いました。「世界に対して少し言いたいことがある。これは私一人の言葉ではない。さあ何と言うと思う?」アイズリー・ブラザーズの「キャラバン・オブ・ラブ」のように、彼は真理と恋に落ちたのです。もちろん真理の条件とは、どんなときでも苦しみが言葉を発するのを助けることであり、善と恋に落ちるとは、悪を見失わないでいるということであります。彼はまず白人優越主義に取り組みました。そして白人優越主義と格闘しながらも、他者とつながっていることを忘れませんでした。もっとも、彼がそこに至るまでには少々時間が必要だったのです。なぜか? なぜならそれは、あまりにも多くの黒人が、黒人以外のすべての人間を愛していたからです。

彼は言います。「私は何よりもまず黒人から始めたい。そのあとで他の人びとのことに取り組もう」。何一つ間違ってはいません。これが彼なのであって、その彼は、すでに父親によって形作られていました。彼の自伝『わが魂の遍歴』で、チャーリーはコーンに伝えるのです。「いいかい、ジェイムズ、私はお母さんを白人の家では絶対に働かせないよ。性的暴行やハラスメントがあると知っているからね。お金なんてそんなにいらないんだ。私は年に一〇〇〇ドルしか稼げないが、毎日山で木を集めてそれを売れば、誰の世話にもならなくて済む。いいか、絶対にお前の誠実さを売り飛ばしてはダメだ。誰かが大金を積んできても、お前は良心を売ってはいけない。それで破産したとしても、堂々としていればいい。この世界が奪い去ることのできない喜びが、お前にはあるのだから」。

コーンが自身の内に生きるチャーリー・コーンについて語るとき、それはブラック・ナショナリストの兄弟姉妹が理解するところのサンコファ[i]のようなものなのです。つまり、自分の内側にある最良の部分と確実につながるまでは、立ち上がって前進すべきではないということ。最高の規範は、死んでいった者たちによってすでに立てられているためです。ここで問わなければならないのは、コーンがヨルダン川の向こうへ渡っていったいま、私たちの生き方は果たして天国のコーンとつながっているのか、ということです。

ジェイムズ・コーンは、学問の世界に安住する単なる神学者ではありませんでした。彼にとって神学とは、生死に関わる問題でした。彼の神学は、黒人の血が発する叫びに、黒人の苦しみが発する嘆きに、黒人の痛みが発する呻きに根ざしていました。ですから彼の神学を読むとき、私たちはこう納得させられるのです。勇気を持とうと。いや、それだけでなく不屈になろうと。ナチスの兵隊にも勇気はあったのです。しかし彼らは暴漢でした。不屈であるとは、勇気が精神の度量の大きさと偉大さにつながることなのです。これこそ、私たちがジェイムズ・コーンに見出すものなのです。

彼の偉大さは、聖書的な基準から見て初めて明らかになるでしょう。彼はもっとも小さな者たちに奉仕し、自らを捧げました。彼は霊的気品と道徳的高貴さを持って、血まみれの旗を高々と掲げようとしたのです。彼の霊性と道徳はルーシーによって、チャーリーによって、彼の教会の最良の部分によって、すでに規定されていたのです。しかし彼がバニラ色の兄弟姉妹と関わるようになると、彼は誤解され、曲解されてしまいました。それでも、あれほどの怒りを持ち、徹底して罪を告発した彼は、単純な憎しみに自らの身を任せてしまうことを拒否したのです。彼の憎しみ、それは寛大なキリスト者としての憎しみでした。つまり憎むのは罪であって、罪人は愛すると。問題は至って単純なことなのです。他人は黒人を見て「なんで彼らはあんなに怒っているのか」「なんであんなに取り乱しているのか」と聞くのですが、考えてみてください。もしあなたの子どもたちがあのような扱いを受けたなら、つまり刑務所へぶち込まれ、時代遅れの教育しか受けられないのなら、あなただって腹を立てるのではありませんか。それならばなぜ、私たち黒人が怒っているからといって驚くのでしょう?

ジェイムズ・コーンはこう言ったのです。「これだけはいますぐはっきりさせておこう。私をおどおどと怯えているニグロの一人だと思って見るな。私はこれからあなたがたに真理を教えてやる。黒人の苦しみについて話すから、よく聞け」。

もちろん彼は、預言的な白人の兄弟姉妹のことを片時も忘れませんでした。ドナルド・シュライバー、トム・ドライバー、クリストファー・モース、ウィリアム・ホールデン、レスター・シェラー、ビバリー・ハリソン、ロバート・エルズバーグ。人間としてのコーンに関わる用意のあった白人の兄弟姉妹は皆、彼の愛情と優しさに触れる機会があったことでしょう。しかし、それでも彼は、なお燃えているのです！

これこそ私たちが今日必要なものであります。私たち、特に若い世代には、ジェイムズ・コーンを創り出した伝統の精神が必要なのです。燃えるだけではなく、愛と正義をその炎の中心に据えることが。そして何よりも、リスクを背負うのを厭わないことが。

彼がその執筆活動を通して成し遂げたことは、驚嘆に値します。『黒人神学とブラック・パワー』（一九六九）、『黒人解放の神学』（一九七〇）、『黒人霊歌とブルース』（一九七二）、『抑圧された者の神』（一九七五）、ゲイロー・ウィルモアとの共著『黒人神学――文献資料史』（一九七九）、『わが魂の遍歴』（一九八二）、『私の人々へ』（一九八四）、『真理を語る』（一九八六）、『キング牧師とマルコムX』（一九九一）。彼は言いました。「キリスト教信者よ、もしマルコムXの偉大さが理解できないのなら、十字架に立ち戻れ」。

「十字架に立ち戻れ」。彼は私たちに語ります。炎に燃えるとは、そういうことなのです。彼はいまも燃えています。彼の霊は強くあって、変形され、変成されます。私たちはこの兄弟を決して忘れません。さあ、ジェイムズ・コーンが生きた伝統の内に私たちも止まり、その伝統を生きようではありませんか。

コーネル・ウェスト[1]

注

1　コーネル・ウェストは、ハーバード大学の哲学者、思想家。『人種の問題』などの著作がある。本序文は、コーネル・ウェストがジェイムズ・コーンの葬儀で弔辞として述べたものである。

訳注

i　ガーナのアカン族の言葉で「過去に戻り手に入れよ」という意。

誰にも言わないと言ったけれど——黒人神学と私

はじめに

この本を執筆することには抵抗があった。自分について偽りなく語るのは難しい。しかし、書くまいと抵抗すればするほど、私は書くことから逃れられなくなっていた。フレデリック・ダグラスやハリエット・ジェイコブ、W・E・B・デュ・ボイスやアイダ・B・ウェルズ、そしてマルコムX、そんな人びとのことを思う。奴隷の時代から今日に至るまで、自叙伝はアフリカ系アメリカ人がアメリカに対して語りかける際に選び取った手段であるようだ。自分自身のことというよりは、黒人神学のことを、そしてそれがどのように私を見出し、私に声を与えたのかを書き残しておく必要があるのではないかと感じている。黒人神学をめぐる私の物語を、私がいま知っている限りできるだけ誠実に、熱を込めて語ってみよう。その旅路は長く、ときに厳しいものであったが、同時にそれはいつも刺激的で、私に力を与えてくれた。

黒人性（blackness）と信仰を対話させることには多くの危険が伴うと承知していたが、私に他の選択肢はなかった。信仰についてはすでによく知っていた。しかし、黒人性が徐々に私を捉え始めていた。それは私の魂を揺さぶり、アーカンソー州ビアーデンのマセドニアAME教会の信仰に違和を覚えさせたのだ。私が育った教会は、ブラック・パワーに対して言葉を持たなかった。それは彼らにとって常軌を逸しているものだったからだ。しかし、私はそこに光を見た。

Couldn't Keep It to Myself

1　抑えられぬもの
――仮面を脱ぎ捨てて

一九六七年七月のデトロイト暴動は、学問の世界でまどろんでいた私を叩き起こした。デトロイトやニューアークの街角で、またミシシッピやアラバマの田舎道で黒人たちが死んでいっている。そんな最中に、ミシガンのエイドリアン・カレッジでカール・バルトやポール・ティリッヒなどヨーロッパの神学者たちについて白人の学生に静かに教えることは、もはや私にはできなかった。何かしなければならない。しかし私は、マーティン・ルーサー・キング・ジュニアのような公民権運動の指導者ではなかったし、ボールドウィンのような芸術家でもなかった。ノースカロライナ州シャーロットの白人学校へ入学しようとした黒人の女の子、ドロシー・カウントが、憎しみに溢れた白人たちに取り囲まれている身を切るような姿を見たときに（一九五七年九月）、ボールドウィンはペンでもって立ち上がったのだ。一方、私は神学者であって、こう自問していた。アメリカにおける黒人の闘いの中で、神学の価値とは、もしそれが本当にあるとすれば、いったい何なのか？

神学とは私の生業であり、それまでの約三〇年の人生で得たすべてであった。しかし組織神学の博士号は、黒人の正義を求める闘いのために何か役に立つのだろうか。これまで読んだどの書物も、黒人がくぐり抜けねばならなかったことに触れたものはなく、私はその答えがわからなかった。模範となりうるものが何もない中、神学を学ぶ機会に恵まれた数少ないニグロたちは、私が博士論文でスイスの神学者カール・バルトについて書いたように、白人の神学者をただただ模倣していたのである。

「一二番通り暴動」としても知られているデトロイト暴動は私を深く悩ませ、それを機に私の思想は大きく変化した。もはや、これまでのようにヨーロッパ人やアメリカの白人たちに手を引かれながらものを書くことなどできなくなったのだ。黒人に、そして彼らの解放運動に対して責任ある新しい形で、神について語る方法を見つけなくてはならない。しかし、人口約二万五〇〇〇人のアメリカ中西部の街にある白人の大学でニグロの教授は私一人であり、そもそも街のニグロの人口は、私の知る限り五〇人に満たなかった。

一九六六年の夏、私はエイドリアンに「ニグロ」として赴任し、その場所に「適合」するために最善を尽くしていた。友人であり、ギャレット神学校（現在はギャレット－エヴァンジェリカル）とノースウェスタン大学でクラスメイトだったレスター・B・シェーラーは、リスクを負って私を推薦してくれた。ニグロの教授を一度も雇ったことのない大学に、私がトラブルメーカーではないこと、また怒り狂う黒人過激派でもないことを示し、私の働きを保証してくれたのだ。彼を失望させてはいけない。ストークリー・カーマイケルの唱えたブラック・パワーが当時のニュースを賑わしていたにもかかわらず、人種について周囲の人びとと話すことはなかった。平静を装って良いニグロであろうと努力する日々。妻と四歳になる息子のことを考えると、家族の社会生活を台無しにすることもできない。大学の進歩的な同僚とすら、人種の話題は避けるべきものであった。彼らとは受け持ちの宗教や文学、歴史の授業について会話し、話題が正義の問題におよぶと、激化するベトナム戦争以上のことは話さないようにしていたのだ。私たちは戦争に反対して行進し、ゴールドウォーター・リパブリカン[i]の学長から強い反発にもあった。彼の息子はベトナムで殺されていた。ベトナムでの有色人の殺害と、アメリカ諸都市におけるニグロの殺害。これら二つを切り離して考えることなど、私にはできなかった。マーティン・ルーサー・キング・ジュニアは、一九六七年四月四日、ニューヨークのリバーサイド教会での有名な演説「ベトナムを越えて」で、この二つの殺害の関連性について指摘している。しかしこのような世界的な規模の人種差別に対し深い怒りを表明することは、同時に白人の同僚との関係性を脅かしてしまうことを意味していた。私もキングと同じで、この二つをより穏健な形で関連づける方法を見つけることができなかったのだ。

当時出席していた第一合同メソジスト教会でも、人種の問題については口を閉ざしていた。バリー・ゴールドウォーターに票を投じた白人共和党クリスチャンの面前で人種差別について少しでも話そうものなら、私はたちまち論争の標的となってしまっていただろう。彼らはその笑顔と当たり障りのない優しさで、自分がニグロに対する偏見を持たない善人であることを必死に証明しようとし、その返礼として私は、自分が白人に対する恨みを持たない行儀の良いクリスチャン・ニグロであることを示した。礼拝のリーダーを引き受け、週末には若者をバイブルスタディーとレクリエーションのためのリトリートに連れて行き、私はひっそりとその教会社会の一部となっていたのだ。

子どものときから、仮面を被ることは当然のごとく学んでおり、エイドリアンに移るころにはその偽装を完璧に習得していた。「私たちはニヤニヤ笑って嘘をつく仮面を被っている」と、偉大なニグロ詩人であるポール・ロレンス・ダンバーは書いたが、私も小学校に入学するころにはこの言葉を暗唱し始めていた。[1] これは、白人に背くことは大きなリスクを背負うことと同義だったアーカンソー州や南部全般の黒人の経験を的確に表現している。「お前は俺を嘘つきだと言うのか、ボーイ?」ニグロが白人と違う意見を表明すると、白人は決まってこう問いただすのだった。白人の男や女——それがたとえ子どもだったとしても——あえて彼らに反論しようと試みる黒人は皆無である。白人はいつも正しい、そんな世界に彼らは生きていたのだ。それを十分に承知していた私たちは、仕事を失わないために、刑務所に入らないために、そしてただただ生存のために、本当の自分を偽らねばならなかったのである。「白人の連中に見せるために片方の心を、もう片方は自分が知っている自分のために」と続く有名なニグロのフォークソングを、私は成長するにつれてよく聴くようになった。

ビアーデンの街に出るときにはいつも仮面を被っておくことを、私は子どもながらに知っていた。白人たちの怒りを買ってしまっては一大事なので、本当の自分を見せないように十分に注意して。白人といるときはほとんど一言も発せず、話しかけられたときだけ話すようにし、また自分に求められる振る舞い――白人の振る舞いとは異なるのだが――に従った。つまり、頭を下げて白人の目は絶対に見ないように。「思い上がったニガー」だけが、それに抗うことができるのだ。白人の家には裏口から入り、「有色人種」用の水飲み場から水を飲み、彼らをミスター、ミセスと呼び、彼らに道を譲った。リチャード・ライトが「ジム・クロウ下の生活の倫理」と呼んだものを私は憎んでいた。[2] それでも、白人には権力があり、危険で、何の警告もなしに暴力を振るうことができたので、間違っても彼らの感情を害してはならず、つねに注意深く、彼らの動作一つ一つを観察しなければならない。私はこのようにして、生まれ育った黒人共同体、「コットン・ベルト」に帰るまで仮面を被り続けた。そこに帰ってようやく白人の予期せぬ応対から自由になって一息つき、しばしの休息を得ることができたのだ。

ギャレットとノースウェスタンの大学院に進学した際も、仮面を手放さなかった。そこでもまた私は「良い」ニグロであり、一つの重要な例外を除けば、概ね怒りを抑えることに成功していた。その例外は、博士課程の指導教授であったフィリップ・S・ワトソンの授業中に起こった。彼はケンブリッジを卒業したルター研究者で、『神は神のままで』（一九四七）という著作がある。生真面目で、背が低く、灰色の髪をしたイギリス人の彼は素晴らしい指導教授であり、オフィスの扉は私のためにいつでも開かれていた。他の生徒も私が彼に気に入られていることをよく知っていたのだ。しかし、一九六一年のある日の授業中、そこには怒りのあまり完全に我を忘れた自分がいた。ワトソンや、私の隣に座っていた兄であるセシルを含めた他の学生は皆、唖然としていた。

その当時、座り込みとフリーダム・ライド[ii]が南部中で展開されていた。黒人と白人の活動家たちは、ランチカウンターで食事をする権利や州間バスの差別撤廃、公共トイレを使用する権利などを主張して血を見るまで殴られ、ときに殺されることすらあったのだ。白人の牧師たちは、そんな人びとの行動を説教台やメディアを通して糾弾し、彼らのことを「外部の扇動者」「共産主義者」「犯罪者」「悪党ども」と呼んだ。一方、私の指導教授や彼の同僚を含む白人の神学者たちは口をつぐんでいた。あたかもアメリカの街頭で何も起こっていないかのように、彼らは教壇に立ち続けたのだ。私の怒りは月日を追うごとに蓄積され、黒人の自由のために積極的に闘う兄弟姉妹の側に立たなければならないという思いが募っていた。「ワトソン先生！」講義の最中、私は彼を遮った。彼は話すのをやめ、明らかにイライラした様子で私を見た。

「何だね?」と彼は尋ねる。

「あなたは人種主義者だ!」私は叫び、さらに声を荒げた。「一六世紀、一七世紀のヨーロッパにおけるプロテスタントに対するカトリックの暴力について、あなたは何日も講義してきました。しかし現在、南部で発生している白人プロテスタントの黒人への暴力について、あなたは何も触れないじゃないか!」

いまになって振り返ってみると、もっと敬意を持った形で私の懸念を表現する方法があったのではないかと思う。だが黒人の痛みは、深く、広く、また長かった。怒りを抑える術がないときもあるのだ。しかしワトソンには、それを理解することができなかった。イギリスからエヴァンストンの白人地区に移住してきたばかりの彼は、ギャレットにいた五、六人の黒人学生の他にはニグロとの関わりを持っていなかったのだ。彼が知っていたのは、あまりにも不十分で、また不正確なメディアを通して見聞きしたことだけであった。彼は教室を数秒間——もっともそれは何分にも感じられたが——ゆらゆらと歩いた。教室は静まり返り、私は皆の視線をヒリヒリと感じていた。すぐに何をしてしまったのか理解できた。仮面を脱ぐのが早すぎたのだ。私はまだ大学院生で、博士号を取得するにはワトソンの承認が必要だったにもかかわらず、彼を最悪の形で怒らせてしまったのだ。

彼は振り返り、怒りのこもった突き刺すような目で私を見ると叫んだ。「それは不正確も甚だしい。授業はここまで！」こう言って彼は教室を荒々しく出てオフィスへ去った。私はハラハラして彼のあとを追いかけながら、思いを巡らしていた。彼の信頼を完全に失ってしまったのだろうか。それと同時に学位まで。

「ジム、君は私が人種主義者でないと知っているだろう！」私たちがオフィスに入ると、彼は言った。「もちろん知っています」と私は答えた。「しかしワトソン教授、あのときはあんな言い方をしてしまいましたが、本当はあなたのことを責めたかったわけではないのです。申し訳ありません。私はアメリカにおける人種の問題というもっと深い次元のことについて話そうとしていたのです。それが魂に重くのしかかっているために、学業に最善を尽くすことが難しくなってしまいました」。

私の葛藤を彼は意外にも理解したようだった。彼の緊張はほぐれ、怒りも徐々に静まっていった。私たちが人種について長く話したのは、そのときが最初で最後だった。その後、私は再び仮面をそっと被り、無事に学位を得たのだ。

エイドリアン・カレッジに教授として赴任して約一年、私はニグロとして求められていることを行っていた。だがそんなとき、デトロイトの暴動が起こり、私の内の何かもまた爆発した。私の奥深くに眠っていた人種的なアイデンティティが、その爆発によって揺さぶられ、自分の中の「ニグロ」が死に、黒人としての自分が復活したのだ。黒人の炎が私の内で燃えている。それはとても熱く、もはや私のコントロールのおよばないところにあった。それでもなお、白人の同僚や友人たちの前でそれを爆発させるわけにはいかない。私は一人退き、人と会うのを避けて、五日間の黒人の反乱の結果であった四三人の死を哀悼した。しかし、どうしたらその感情を吐き出し、また黒人性と白人性、人種と神学について感じたことを表現できるだろうか。そのとき私は初めて悟ったのだ。自らの中で呼び起こされつつあるものを世界に知らせるためには、書くしかないと。そうでもしなければ私は狂ってしまっていただろう。

教会で、メディアで、白人の牧師と政治家たちはブラック・パワーのことをヘイトスピーチと糾弾し、また都市部での暴動を、犯罪行為に加担するニグロの暴漢たちによる行動だと非難していた。そして多くのニグロの牧師と公民権運動家が、そんな意見に同調していたのだ。そんな彼らを見て私は、大学院時代からずっと読んできたジェイムズ・ボールドウィンの言葉を思い出していた。「誰が誰のものを盗んでいるのか？　テレビセットを盗んだ？　彼は別にテレビセットなんて欲しいわけではない。彼はただクソッタレと叫んでいるのだ……彼はただ自分がここにいることを知らしめたいのだ……すべてを剥ぎ取られた捕囚の民を、あなたは非難している……許しがたいことだね」[3]。

マーティン・ルーサー・キング・ジュニアは、諸都市の社会的不安を掻き立て、暴力的な言葉を連想させるブラック・パワーというマルコムXの言い回しに大いに動揺していた。しかし私の意見はキングとは違っていた。一九六六年六月にミシシッピでストークリー・カーマイケルがブラック・パワーというフレーズを初めて叫んだときからずっと、この言葉は私の心を捉えて離さなかった。たしかにそれはキングの非暴力主義に異議を唱えたが、私はブラック・パワーを暴力や憎しみと関連づけて考えたことは一度もない。三五〇年間にわたって白人優越主義に晒され生きてきた黒人にとって、自らの尊厳を主張することは必然であり、ブラック・パワーという言葉は、その必然性を言い表している。ニグロの人びとは、もはやこれ以上の搾取や侮辱に甘んじることはできない。ブラック・パワーが伝えようとしたのは、そんな単純なメッセージだった。私は神学者として、白人教会へのマニフェストを書かなければならないと感じていた。ニグロはこれ以上、自らの尊厳の蹂躙を我慢できない。ニグロの共同体に深く根づくこの怒りに、そして何より自分の内の怒りに声を与える必要があった。

　黒人の自己憎悪に対する応答としてのブラック・パワーをより深く理解するために、私はマルコムXを読み返した。マルコムXは私の意識を変革し、私をニグロの神学者から、白人神学者と闘う用意のある怒りに燃えた黒人の神学者に作り変えた。そのとき初めて発見した黒人としての自覚は、神学を書けと私の背中を押したのだ。神学の世界に新しい声が響いていることを、世界に告げ知らせよう。

　当時、自分が何か書けるとは思ってもいなかった。大学院でヨーロッパの神学者についての論文をいくつか書いた以外は、書くという経験をしたことはなかったからだ。しかし、ブラック・パワーは学問的な問題ではない。それは、黒人の尊厳、またその実存に関わる問題であり、マルコムXがかつて主張したように「必要なあらゆる手段を使って」[4]（by any means necessary）、白人による抑圧から黒人を政治的な解放に導くことに関わる問題だった。

ヨーロッパの神学者について書くように、ブラック・パワーについて書くわけにはいかないのだ。ヨーロッパで生まれた神学に自分を捧げるつもりはないし、啓示の意味についてバルトが正しかろうと、ハルナックが正しかろうと、そんなことはどちらでもよい。そんな議論のために命を差し出すつもりなど毛頭なかった。しかしブラック・パワーは違う。すべてを差し出してもまだ足りない。白人優越主義がはびこるこの世界のただ中にあって、黒人の人間性を自覚するため、黒人の尊厳のためなら、この命も惜しくはない。

ブラック・パワーや黒人の文化的アイデンティティ、彼らの政治的正義を求める闘いから目を背け、福音書を語る白人神学者の書物、そんなものはもうたくさんだ。暴動だけを批判し、それを生み出している社会的条件を無視するリベラルな白人牧師、彼らにはもううんざりだ。白人優越主義によって黒人が殺されていく世界に対し、イエスがあたかも何の言葉も持たないかのようにあの世の福音を説教する保守的な黒人教会、そんなのはもうたくさんなのだ。ストークリー・カーマイケルらブラック・パワーの提唱者や、アルバート・クリーグら戦闘的な黒人牧師が、白人の宗教学者や教育を受けた白人との対話になど興味がないことは重々承知していた。しかし私は違う！　大学院で学んだことを用いて、黒人の兄弟姉妹のため正義を求める闘いに参与しよう。白人男性の神学を彼ら自身に歯向かわせ、黒人解放のための声としよう。戦闘的なニグロの牧師たちには、その思考をいかなる白人神学への依存からも解放させるような神学が必要なのだ。

「ブラック・パワーとは、今日のアメリカにおけるイエスの福音である！」デトロイト暴動について熟考した結果、私はこのような神学的結論にたどり着いた。ベッドの中で、朝目覚めてから、そして一日中、その考えが頭を駆け巡り、私を捉えて離さなかった。それは啓示のように突然、私の内で燃え出した炎であった。しかし、この考えや感情を誰とも共有することができず、エイドリアンでも、友人のレスター・シェラーにさえも黙っていた。私はこれを一ヵ月ほど静かに黙考し、その真実性について頭の中で繰り返し反芻した。なぜいままで一度もこれを考えたことがなかったのか。そんな折、アメリカ宗教学会（American Academy of Religion, AAR）の年次総会が一九六七年一一月に開催された。私は自分でも驚いたことに、大学院時代からの白人の友人たちとの議論の場で、勇敢にもこの考えを述べたのだ。

「ブラック・パワーは福音などではない！」ほとんどの者が口を揃えてこう強調した。「一体全体どうやったら、そんなにデタラメで荒唐無稽な考え方ができるんだ？」こう尋ねたのは、ギャレットの著名なカール・バルトの研究者で、神学的には私の親友だったロナルド・ゲーツだ。彼には私の発想が福音のイデオロギー化と映ったようだ。バルトやデンマークの偉大な神学者セーレン・キルケゴールに学ぶ彼にとって神の啓示とは、人間の行為や思考と決して混同してはならない「絶対他者」なのだ。

私もバルトやキルケゴールに親しんでいた。ギャレットにいたころは、シュライエルマッハーやリッチェル、ハルナックなどの自由主義神学者に対して抗するという点で私たちは一致していたほどで、ゲーツの懸念はよく理解できた。人間と神の行為を同一視することの危険性を知るためには、ナチス時代のドイツ教会に何が起こったのかを見るだけで十分だろう。文化の神学の危険性については、バルトが彼の自然神学に対する応答として書いた『否！エミール・ブルンナーへの回答』と「バルメン宣言」（一九三四年）ではっきりと指摘している。[5]神の力と人間の力は同一ではないというゲーツの懸念は、私も十分承知のうえだった。しかし私は神について、上からではなく下から、権力ある白人抑圧者の経験からではなく、無力な被抑圧者である黒人の経験という視点から考えていた。神の力は人間の弱さの中に、抑圧者に対する被抑圧者の闘いの中に見出される。一方、ブラック・パワーを非難する人びとは、アメリカにおける白人の福音主義、自由主義、そして新正統主義神学のイデオロギー化に対し、明らかに目を閉ざしていた。自らの教会内における白人優越主義的な部分を受け入れるか、あるいはその構造を無視する、それが彼らの神学的態度だったのだ。

そのことを私は頭の中で言語化できるようになる前から、肝において知っていた。ほとんどの福音主義者にとって啓示とは無謬《むびゅう》の聖書の中にのみあるもので、その他の場所を探す必要はない。しかし私はこの肝において、神の啓示が貧しき黒人のただ中に見出されることを知っていた。

ロナルド・ゲーツは私の意見に同意しなかったが、私が至って真剣であり、神学的な修辞を弄んでいるのではないことは理解したようだった。そこで彼はこう言った。「もし君がそれを信じているのだったら、ジム、それを公の場で、論文や丁寧な議論として発表したらどうだね？」そしてゲーツは私に、彼が教えているエルムハースト大学（シカゴ近郊）で「キリスト教とブラック・パワー」というテーマのもと、公開講座を持つことを提案してきたのだ。

それは願ってもない提案だった。思考を整理するためには、そのような機会が必要だったからだ。また彼は、そのために聴衆まで用意してくれるという。こうなると、単なる情緒的な満足のための発言ではなく、知的な神学議論の提示が必要となる。自分の主張を、注意深く練られた考察によって説明しなければならない。単純にブラック・パワーは福音であると述べることと、堅実な神学的議論によって両者を結びつけることとはまったく別であろう。ブラック・パワーとイエスの同盟など、当時、戦闘的なニグロの牧師ですら主張していなかった。彼らの思想は、バルトの「神と人間との無限の質的差異」宣言とどこか似ていた。神は天国に我らは地上にと言い、神と人間との類似のいかなる可能性も排除しようとしたバルト。この主張に反論するニグロの説教者は誰もいなかったし、信徒たちもそれに追従していた。

一方、ブラック・パワーの信奉者たちは、マルコムXに倣ってキリスト教信仰を拒否し、「キリスト教は白人どもの宗教だ」と口を揃えていた。彼らにとってイエスとは、ブロンドの髪に青い目をした白人以外の何者でもなかったのだ。戦闘的なニグロの牧師は、ブラック・パワーと福音、マルコムとマーティン、自衛と非暴力、解放と和解との間で、その折り合いのつけ方を模索していた。黒人性かキリスト教信仰かという選択に直面し、一部の説教者は黒人性を選んで教会を去り、ネーション・オブ・イスラムなどの黒人宗教に参加した。

黒人性は、この世界のただ中で生きる黒人の魂を惹きつけた。そしてそれを誰よりも巧みに表現できたのはマルコムに他ならない。「私たちは何よりもまず黒人なのであって、それ以外のすべては二義的なことなのだ」とは、彼の言葉である。一方マーティン・キングは、黒人性をめぐる言説に居心地の悪さを感じており、生涯を通してニグロであり続けた。黒人過激派から迫られたときだけ、彼は渋々「黒人」という言葉を使うのだった。彼は公の場でも、私的な場においてすらも、マルコムとの会話は避けていたようで、カーマイケルにはブラック・パワーについて語らないでほしいと懇願していた。キングにとってブラック・パワーは、ニグロを白人から疎外するものであり、それは二つのコミュニティが協力して作る統合された社会への道を閉ざしてしまうものであった。

さて、「ブラック・パワーのメッセージはキリストのメッセージである」ことを神学的に証明するためには、はじめにブラック・パワーの意味を、それからキリストのメッセージの意味を定義しなければならない。ブラック・パワーの意味を定義するために、私はまずブラック・パワーのリーダーにして、その提唱者であったストークリー・カーマイケルと向き合った。彼はブラック・パワーの有名なパブリックシンボルであり、いつも論争の中心にいて、その言葉の意味について多くの演説を行っていた。また彼とコロンビア大学で政治学を教えていた黒人教授チャールズ・V・ハミルトンとの共著である『ブラック・パワー――解放の政治学』では、ブラック・パワーの意味に関するさらに幅広い論述があった。カーマイケルは、説得力のある口調で黒人の自決を議論の中心に据え、黒人解放運動を再定義したのだ。「黒人の自決とブラック・パワーを自覚することの目的は、黒人の生活に影響している政策決定の過程に黒人が完全に参与することであり、黒人としての美徳を認識することである」[6]。この言葉に反論などできるだろうか。

以下の思想家たちとその著作は、カーマイケル以上に私に大きな影響を与えた。マルコムXの『自伝』(一九六五〔一九九三、河出書房新社〕)、ジェイムズ・ボールドウィンの『誰も私の名を知らない』(一九六一〔一九六四、弘文堂〕)と『次は火だ』(一九六三〔一九六八、弘文堂〕)、リチャード・ライトの『アメリカの息子』(一九四〇〔一九七二、早川書房〕)と『ブラックボーイ』(一九四五〔一九五二、月曜書房〕)、アルベール・カミュの『ペスト』(一九四八〔一九五〇、創元社〕)と『反抗的人間』(一九五六〔一九五六、新潮社〕)、そしてフランツ・ファノンの『地に呪われたる者』(一九六六〔一九六九、みすず書房〕)と『黒い皮膚・白い仮面』(一九六七〔一九七〇、みすず書房〕)。彼らが文学で成し遂げたことを、神学で実行したい。それが私の願いだった。

もっとも、これらの思想家よりもはるかに重要だったのは、私の内にあって燃え盛り、表現しろと私を突き動かす黒人の炎だった。黒人としての自覚を押しとどめておくことはできない。私の目からは自然と涙が溢れ出し、そうかと思えば大きく笑いたくもなる。足は勝手に動き出し、そこら中を歩いたり走り回ったり。そして、アレサ・フランクリンの「リスペクト」とジェイムズ・ブラウンの「セイ・イット・ラウド――黒人であることの誇り」のあの音とリズム。私はもはや耐えきれずに、一心不乱に踊り狂った。ダシキ[iii]を着て、ブラック・パワーと拳を掲げ、髪型はアフロに。そうすれば人びとは私が黒人だといやでもわかるだろう。若い黒人詩人たちを読み始めたのもそのころだった。リロイ・ジョーンズ（アミリ・バラカ）の『二〇巻の自殺ノートへの序文』（一九五七）、『死んだ講演者』（一九六四）、そして『根拠地』（一九六六［一九六八、せりか書房］）、ドン・リー（ハキ・マドゥブティ）の『ブラック・プライド』（一九六八）、そしてニッキ・ジョヴァンニの『ブラック・フィーリング、ブラック・トーク、ブラック・ジャッジメント』（一九六八）。彼らの詩が出版されるより前に、私はその詩が朗読されるのを聞いた。彼らはまるで巡回伝道者のようであり、アメリカ全土を都市から都市へと旅して周って、詩のような説教で黒人たちにこう訴えるのだ。「考えろブラック！」（ドン・L・リー、一九六七）、なぜなら「私たちは極極極悪人」（ソニア・サンチェス、一九七〇）なのだから、と。ブロードサイドプレス（デトロイト）の黒人詩人ダドリー・ランドールは彼らの詩をパンフレットや本で出版し、教会やコミュニティセンターは、その詩を朗読する場を彼らに提供していた。最良の黒人説教を思わせるようなその力強い詩に、私は夢中になった。

彼らは黒人性に歌を歌わせ、ダンスを踊らせることができたのだ。「その通りだ、シスター！」「もっと語ってくれ、ブラザー」「そうだ、そうだ！」それはまるで教会にいるようだった。黒人性の充満する教会に。

デトロイトのブラックマドンナ寺院[iv]に、アルバート・クリーグ牧師が語るブラック・パワーの福音についての説教を聞きに行ったこともある。『ブラック・メサイア』（一九六八）は彼の著作で、これはブラック・パワーの擁護者に向けた説教集となっている。「ストークリーへの手紙」や「ブラザー・マルコム」などといった聖書を模した説教題で、信徒に教会に留まるよう説得を試みたのだ。彼ほどに堂々としていて、自己弁護の気配など微塵も見せずに黒人であり続ける勇気を持った説教者は、私の知る限り他にいなかった。黒人の愛、黒人の団結、黒人としての誇り、黒人の解放、黒人の革命、そんな彼の語りに私は身を沈めた。ブラック・パワーの意味は明確だった。それは生活のすべての領域における黒人の自決であり、そのために黒人は自らが必要だと信じるあらゆる手段を使う用意があるということである。黒人の解放運動の埒外にいるいかなる人びとも、たとえそれがニグロであったとしても、私たちが自由を得るために主張できることとできないこと、可能なことと不可能なことについて講釈を垂れる権利は持たないのだ。

ブラック・パワーや黒人芸術、黒人意識向上運動[v]の視点から、私は聖書を読み始めた。そうすると革命者であるイエスが聖書の向こうから私の心の中に飛び込んできて、以前は見えなかったことが見えるようになった。ルカの描くイエスは預言者イザヤを引用して、こう宣言する。

主の霊がわたしの上におられる。
貧しい人に福音を告げ知らせるために、
主がわたしに油を注がれたからである。
主がわたしを遣わされたのは、
捕らわれている人に解放を、
目の見えない人に視力の回復を告げ、
圧迫されている人を自由にし、
主の恵みの年を告げるためである。
（ルカ四・一八―一九、イザヤ六一・一―二）

イエスの宣教の業《わざ》とは、根本的な意味において貧しい者と圧迫されている者の解放であると、ルカによる福音書は明確に記している。イエスの業の核心に解放があることを知るために、神学の博士号など必要ない。何世紀にもわたって黒人はそれを説教し、歌ってきたのだ。白人の神学から離れ聖書と黒人の宗教体験に立ち戻ったとき、ブラック・パワーとイエスの福音のつながりは、これまでになく明白になった。この二つは共に、虐げられている者の解放を思っている。事実、マーティン・ルーサー・キング・ジュニアを中心とする公民権運動の中から生まれた歌や説教は、バスボイコットや座り込み、行進やフリーダム・ライドといった行動とともに解放を表現していた。キングの公民権運動は、アメリカという帝国を相手にした解放運動だったわけである。ニグロの自由を求める闘いに唯一欠けていたのは、黒人性の強調と黒人が妥協することなく自らの尊厳を主張する権利を求めることだった。白人からの疎外を恐れたニグロの教会や牧師、活動家は、黒人であることを拒否したのだ。白人はキリスト教を普遍的なもの（もちろん彼らにとっての普遍性とは、白人的なものに他ならないのだが）と解釈し、それゆえ黒人性の特異性を否定し、それを罪や悪、そしてときには悪魔とさえ呼んだ。しかし私はこう主張したかった。イエスの福音は黒人であることに敵対するものではない。いやそれどころか、キリストは黒人なのだ！　キリストは正義と尊厳を求める黒人の闘いと共鳴するのである。

自分の観点を白人の聖書学者や神学者に正当化してもらう必要がなくなると、イエスの福音について以前感じていた知的な葛藤も消えていった。彼らの神学を読んでいると、聖書のイエスは遠くへ離れていき、彼らが作り出した白人イエスが現れるようだった。ギャレットで新約聖書学の授業を受けていたとき、教授がイエスを白人男性として描写していたことを覚えている。ボールドウィンが世界教会協議会で喚起したように、ユダヤ人としてパレスチナの「焼け付くような太陽のもとに」生まれたイエスが、白人であったはずがあろうか。[7] 中東について少しでも知識のある人であれば、簡単にわかることだろう。一八世紀からこのかた、聖書学者が追い求めてきた史的イエスは、実際には白人ではない。それくらいのことは私でもわかる。イエスは生物学的な意味において白人ではないのだ。白人の学者たちはイエスの本当の姿を伝えようとしていない。彼らは嘘をついている。これらのことがはっきりしたとき、もはや私は白人神学者たちの言葉を一言一句鵜呑みにはできなくなり、黒人としての経験を神とイエスについての典拠として信頼できるようになり始めた。権力のない黒人は、彼らのイエス像を他の誰かに押しつけることができなかったため、白人と比べ彼らの宗教経験はイデオロギーに毒されていない。しかし黒人は、自らの経験を信頼せずに白人の価値観に頼ってしまうことが往々にしてあった。教会のステンドグラスや家の壁に、白人のイエス像を飾るように。

「何かを書くときの頼りは一つだけ、自分の経験だ」とジェイムズ・ボールドウィンは書いた。[8] 私は自らの経験を信頼し始めたときに初めて、論文「キリスト教とブラック・パワー」(一九六八)を情熱と自信を持って書くことができたのである。[9]「もし福音が抑圧されている者の解放であるならば」私はこう続けた。「イエスは抑圧されている者の側にいて、捕囚となっている者の釈放を宣言しているのである」。また、この論文では預言者についても強調している。彼らは貧しい者たちとの連帯をイエスに先立って示していたのだ。もちろん一六世紀の改革者であるマルティン・ルターやスイスの神学者カール・バルト、そしてフランスの実存主義哲学者であるアルベール・カミュなどを引用し、自分の神学的、哲学的な素地を証明することも忘れなかった。私がイエスの福音の中に見出していた黒人性を彼らが否定する可能性を知りつつ、私は彼らを利用して、言いたいことを主張したのだ。もっとも私の解放思想はまだ初期段階にあって、その主張が真剣に受け取られるには、まだまだ多くの知的研鑽を重ねなければならなかった。

一九六八年二月、私はエルムハースト大学で初の公開講座を行った。大学内のロナルド・ゲーツをはじめとする白人の教授陣や学生の反応は、創造的かつ批判的なものだった。異論の噴出するディベートが私はいつも好きで、マイノリティの立場や不人気な見解を代弁することは喜びだった。それが黒人の尊厳を擁護するためなら、なおさらのことである。エルムハースト大学での議論は激しいものであったが、私たちは互いに敬意を忘れなかった。聴衆は予想通り、ブラック・パワーと福音の同一性について疑問を呈してきた。「苦しんでいるのは黒人だけではない」「福音のメッセージは解放だけではない」。この二点が白人聴衆の主な反応だった。もちろん私は、黒人だけが苦しんでいるとも、聖書のメッセージは解放だけだとも言ったことはない。しかし、白人優越主義はアメリカの原罪であり、聖書の中心的なメッセージは解放なのであると私は返答した。アメリカにおけるいかなる神学も、白人優越主義の課題と、黒人において表される神の解放というテーマに取り組まないならば、それはキリスト教神学ではなく、アンチキリストの神学なのだ。

私の言葉はたしかに攻撃的であったかもしれないが、それは十分自覚していた。福音の真理とは、いつも攻撃的で受け入れられにくいものである。なぜなら、それは力のない人びとや周縁に追いやられている人びととの連帯を表現しているのだから。イエスはローマ政府に対して攻撃的であったし、彼が十字架につけられたのは、まさにそれが理由であった。彼の解放のメッセージを今日の私たちが理解し受け入れるためには、白人の人種差別によって虐げられ正義を求め叫ぶ黒人の経験を通して、イエスを見つめなければならない。

その二月の終わりに私はシンシナティに出向き、「教会改革のための黒人メソジスト教徒」(Black Methodists for Church Renewal)の会合に出席した。これは、合同メソジスト教会内のラディカルなグループで、ブラック・パワーそして黒人革命との連帯を表明した「ブラック・パワー」は彼らが発表したものだ。ユニオン神学校(ニューヨーク)の白人神学者ポール・レーマン[10]のよく知られたフレーズを借りながら、彼らはこう宣言した。ブラック・パワーとは「歴史における神の働きに対する応答の勧めである。人間の生を人間らしくし、それを守るという神の働きに対して、私たちは応答しなければならない」。彼らはブラック・パワーが福音であるとは言わなかった。そこまで言うと、白人教会からの反感を買ってしまうからだ。穏便な方法で神と黒人をつなげる方法などないが、彼らは、彼らのできる範囲において精一杯ブラック・パワーを認めたのだ。これとよく似た声明を、のちの「黒人聖職者会議」(National

Conference of Black Churchmen）が、一九六六年七月三一日に『ニューヨークタイムズ』誌上で発表している。ストークリー・カーマイケルが六月一七日に、ミシシッピでのメレディス行進においてブラック・パワーを宣言した一ヵ月後のことだった。彼らがブラック・パワーを認めたのは「無力さは乞食の人種を産む」という理由からだった。[11] これら二つの声明どちらにも、私は満足できないでいた。黒人が必要としていたのは、ブラック・パワーや黒人芸術運動に比肩しうる神学的革命だった。単なる感情の次元で黒人であることを受け入れるだけではなく、キリスト教教義そのものについての考え方を変革する必要があったのだ。

シンシナティで基調講演を行ったのがC・エリック・リンカーンである。彼は、名著『アメリカにおける黒人ムスリム』（一九六一）の著者で、当時ニューヨークのユニオン神学校で社会学と宗教学を教えていた。彼は黒人宗教の研究者として、誰よりも尊敬されておりよく知られていた。私も彼を尊敬していたが、それは彼の宗教的、かつ政治的な立場のためというよりは、彼の学問業績のためであった。身体の大きい彼の前に出ると、自分が小さくなったように感じたものだ。リンカーンに挨拶することを躊躇っていた私に、ウェスレー合同メソジスト教会（リトル・ロック、アーカンソー州）の牧師だった友人、ネゲール・ライリーは、彼に論文を見せてみてはどうかと提案してきた。

「彼がこれを読んでくれると思うか？」と私は聞いた。

「もちろん！」とライリーは答えた。

黒人についてリンカーンよりもはるかにラディカルに考えていたことが、私の不安の種だった。彼はキングと同様に統合主義者であり、一方私は統合を否定はしていないものの、思想的、精神的にはマルコムやブラック・ナショナリズムにより共感を抱いていた。このような政治的な懸念は友人のライリーには伝えなかったが、学問上の自信もあったわけではなく、彼にもう一度念を押した。

「本当にこれで大丈夫かな?」

「心配いらないさ。これはいい論文だから」と彼は言ってくれた。

私はしぶしぶとライリーに論文を渡した。彼がリンカーンに論文を届けてくれるという。リンカーンがこれを少なくとも公平な目で読めるくらい黒人について理解があることを願っていた。

一時間ほどたっただろうか、リンカーンがホテルの部屋に私を呼んでいるという。私は緊張していた。父親に呼び出されたときに、これから怒られるのか褒められるのかわからないような、あの落ち着かない気持ち。私がリンカーンの部屋へ行くと、彼はさぁ座ってと手招きしている。私は震えを抑えるのがやっとだった。

「君はとてもいい論文を書いたね」と彼は言った。「現在、このアメリカの歴史において黒人と白人の教会が求めているのは、まさにこのような論文だよ」。

私は耳を疑った。「本当にそうお考えですか?」と私は訊ねた。

「本当だとも！」と彼は言った。「私は嘘やお世辞は言わないよ。君の神学者としての将来は実に明るい。君がこれから何を書くのか楽しみにしているよ」。そして私は、合同メソジスト出版の『モティーブ』誌と『クリスチャン・センチュリー』誌に論文を投稿することを勧められた。これら二誌は当時、神学者や牧師、信徒や神学生、大学生などに幅広く読まれていたのだ[12]。それから数時間、彼は論文について、学者となることについて、懇々と語り聞かせてくれた。それはまるで父親と息子のようだった。

ジェイムズ・ボールドウィンはこう述べている。「物書きになりたいというなら、何を言ってもあなたはそうするだろう。物書きになりたくないというなら、何を言っても仕方あるまい。何かを始めるときあなたに一番必要なのは、その努力が無為ではないということを伝えてくれる誰かだ[13]」。リンカーンは、私を止めることができなかっただろう。黒人の自由のための闘いの神学的な証人になるという召命に、私は完全に捉えられていたのだ。また、彼に何を語るべきか教えてもらう必要もなかった。リンカーンは、当時もその後も統合主義者であり続けたし、私は私でブラック・パワーに導かれ新しい道に一歩踏み出していた。しかしリンカーンは、私の努力に価値があることを教えてくれた。これこそ、私が何よりも必要としていた励ましだった。

この夏中に論文を本にする計画だと、私はリンカーンに伝えた。彼は私を勇気づけるかのように微笑み、同時に、それが私の手に負えるかどうか訝るような顔も見せた。彼は頷いたが、それはまるで「できるものならやってみなさい」と言っているようだった。私は彼に、論文を読んでくれたことや励ましへの感謝を述べ、それから部屋をあとにした。

エイドリアンへの帰り道、真新しいライトブルーの一九六八年製サーブを飛ばしながら、私はリンカーンからの助言やこれから書こうとしている本について、いろいろと思いを巡らせていた。この知的な挑戦を前にして、興奮を抑えることができなかった。何かを書くとき、心に留めておかなければならないことは三つある。誰に向けて書くのか。その人たちに何を伝えたいのか。そしてなぜそれを伝えなければならないのか。私は、貧しい黒人キリスト教徒のために、本を書こうとしていた。彼らは、白人社会にあって虐げられており、白人神学の埒外に置かれていた。黒人に対する私のメッセージはこうだ。「自分を憎むのはもうやめにしよう。神が黒人を創造されたのだから、自分自身を、その顔を、大きな鼻と唇を愛そうではないか。そうして初めて、私たちは神のことも愛せるのだから。黒人であることは、神から人間への贈物なのだ」。

私はまた、白人のためにもこの本を書くつもりだった。特に白人の教会と神学者に向けて。彼らの白人キリスト教がイエスの福音でないことを伝えなければならなかった。事実、白人優越主義はアンチキリストなのだ！　福音のために、黒人の人間性のために、本をいますぐにでも書きたい。そんな気持ちに駆られていた。

同時に私は神学者として、世界中の抑圧されている人びとのためにもこの本を書かねばならないことを認識していた。自分たちが何者であるか、もはや黙っている必要はない。私が黒人性について声をあげ、書いたように、彼らもまた自らのアイデンティティについて声をあげ、書くことができる。黒人性という個性は、しかし黒人の内にのみ留まるのではなく、世界中の貧しい人びとの闘いへと広がっていく。

知的な努力が無駄ではないことを私に教えてくれたのは、リンカーンだけではない。ビアーデンで過ごした子ども時代、私はすでにそんな人びとと出会っていた。両親であるルーシーとチャーリーの深い愛情から、私のすべては始まったのだ。教育と努力、鍛錬があれば、たとえ白人優越主義という壁があったとしても、偉大なことを成し遂げることができる。チャールズとセシル、そして私という三人の息子に、両親はこう教えてくれた。ドストエフスキーの『カラマーゾフの兄弟』に登場するアリョーシャは正しかった。彼は、自分の周りに集まってきた少年たちに伝える。

何かよい思い出、とくに子ども時代の、両親といっしょに暮らした時代の思い出ほど、その後の一生にとって大切で、力強くて、健全で、有益なものはないのです。きみたちは、きみたちの教育についていろんな話を聞かされているはずですけど、子どものときから大事にしてきたすばらしい神聖な思い出、もしかするとそれこそが、いちばんよい教育なのかもしれません。自分たちが生きていくなかで、そうした思い出をたくさんあつめれば、人は一生、救われるのです。もしも、自分たちの心に、たとえひとつでもよい思い出が残っていれば、いつかはそれがぼくらを救ってくれるのです。[14]

私を愛し、白人優越主義の最悪の一面から私を守ってくれた両親。自分を信じろと励ましてくれた両親。どちらも私にとっては神聖な記憶である。二人が私たち息子に残した「最高の教育」が、教師としての私の人生を支えている。白人は私たちについて好き勝手に言うが、それを嘘だと証明できるかどうかは私たち次第なのだ。これまでも多くのニグロが、その人生のあらゆる局面においてそれを証明してきたのである。自分に与えられた知的な可能性をできる限り成長させなさい。それはあなたの責務なのだ。自分のためだけでなく、共同体のために、また人類のために、なりうる限り最良の自分になりなさい。すべて両親が、息子の私たちに伝えてくれた言葉だ。

彼らの教えは、私たちの骨の髄まで沁み込んでいた。二〇一六年に天に帰った兄のセシルは、エモリー大学から神学の博士号を取得し、『黒人神学におけるアイデンティティの危機』(一九七五)を出版した。ちなみに同書は、黒人神学をめぐる私の思想に対する鋭い批判を展開している。最終的に彼は、フロリダ州ファクソンビルにあるエドワード・ウォーター大学の学長となった。もう一人の兄チャールズは、教育学で修士号を取得し教師となり、アーカンソー州パインブラフの小学校で校長を務めた。そして彼は、スタッフや他の教師、彼が担任した六年生の生徒たちに、自分の中にある最上のものを与えた。

私が書き手や教授として成し遂げたすべての成功の陰には、両親をはじめとするここには書ききれないほど多くの人びとの支えがある。自分を成長させてくれた人びとは、神からの贈物だと私は信じている。小中学校や高校の教師からは、多くの愛と書物の知識を与えられた。そして彼らは、両親の言葉は間違いではないと、念を押してくれたのだ。限界を決めてはいけない。何だってできる。もうすぐ一〇〇歳になるミルドレッド・W・マッキニー先生から、最近手紙を頂いた。「何十年も前から、あなたが立派な人になるであろうことは知っていましたよ。広い視野で、じっと世界を見聞きし、何を言うべきか知っている人、そんな人間にあなたはなるだろうと。あなたに会ったり、あなたの本を読んだりできるまで長生きできるなんて、私は祝福されているわね」[15]。もう一人の高校の教師、カービー先生は、一〇〇マイル近く車を運転して、ワシントンのタコマで開かれた黒人解放神学についての講演を聞きに来てくれた。彼女は最後まで残って、私や聴衆に（そのほとんどが白人だった）、彼女がビアーデン時代の私に見出した知的素質について語ってくれたのだった。

マセドニアＡＭＥ教会とニグロ共同体全体からも、同様の励ましを受けた。「神が共にいれば、不可能なことなどない」。これが彼らのメッセージの中心だった。そして私はそれを信じたのだ。人間はそのルーツによって形成される。私のルーツはビアーデンにあるが、それは奴隷制や奴隷船、そしてアフリカまで遡る。黒人神学を書き始めたとき、私はこの偉大な抵抗の遺産を引き継ごうと決意したのだ。黒人たちが守ってきた伝統を学ぶことがなければ、私は自分が何者であるかわからなかっただろう。

ＡＭＥ教会系の小さな短大だったショーターでは、多くの教師が、最良の自分になろうとする私の努力を認めてくれた。彼らは学術的な訓練に恵まれていたわけではなかったが、当時私が一番必要としていたこと、つまり自分の知的な可能性に対する自信を与えてくれた。あのとき読んだホメロスの『イリアス』や『オデュッセイア』、プラトンの『国家』や『ソクラテスの弁明』などの古典は、私の好奇心に火をつけるに十分だった。

ビアーデンの白人は、ニグロが、特に高校以上の教育を受けることを好まなかった。ニグロの教育の機会は少なければ少ないほどいいのだ。私の人間性を初めて認めてくれた白人は、ジェイムズ・ボヤックとアリス・ボヤックの夫妻だった。彼らはフィランダー・スミス・カレッジで、それぞれ宗教と哲学の教授を務めていた。二人は私を人間として扱ってくれただけでなく、知識人としての生活の深い喜びを教えてくれた。本を頂いたり、家で食事をご馳走になったりして、宗教や哲学について語り合ったものだ。自動車事故でジェイムズに車椅子が必要になってからは、それを押してキャンパスを周るのが私の役目となり、ここぞとばかりに宗教や哲学について質問した。フランスの哲学者ルネ・デカルトの「我思う、故に我あり」(Cogito ergo sum) について、スコットランドの哲学者であるデイヴィッド・ヒュームによる神の存在の目的論的－デザイン論的証明について、またドイツの哲学者カントの「定言命法」やヘーゲルの観念論についてなど、話は多岐におよんだ。大学で出会った教師の中で、彼ら以上に大切な人びとはいない。自分の知性の可能性を信じることができたのは、彼らがいたからだろう。大学で書いた最初で最後の論文は、神義論がテーマだった。「なぜ人びとは苦しむのか?」エドガー・S・ブライトマンやピーター・A・ベルトッチなど、ボストン大学時代にマーティン・ルーサー・キング・ジュニアを指導した人びとを読みながら、私はこの問いについて深く考えた。長い受難の歴史を背負う一人として、悪の問題とその意味という問いに、私は圧倒されたのだ。一九五五年、一四歳の少年だったエメット・ティルがミシシッピでリンチされた事件があってからは、苦しみの問題がよりいっそう現実的なものとなった。結局のところ、私はまだ一七歳の少年で、リンチが決して珍しいことではない州に住んでいたのだ。同じことが私の身に起こるかもしれない、そんな考えが頭から離れなかった。教会で聞くように、もし神がニグロを愛しているなら、なぜアメリカ中でいまだにリンチが起こっているのか。これが私の問いであったが、一七歳の少年に答えはなかった。しかし、ジェイムズとアリスの夫妻に助けられ、この知的葛藤をくぐり抜けることができたのだ。

心ある白人に出会い、私は大きく変えられた。母親からそのような人びとの存在を聞いてはいたが、実際の経験なしにそれを信じることは難しかった。ジェイムズとアリスに出会ったことで初めて、私は母親の言葉の正しさを知ったのである。彼らは私の指導教授も引き受けてくれ、その結果、私はギャレットの神学部学士課程に入学することができたのだ。

ボヤック夫妻と出会っていたので、大学院で幾人かの教授や学生が私に敬意をもって接してくれたときも、特段驚きは感じなかった。むしろほとんどの白人がそれとは逆の行動を取ることに、私は衝撃を受けた。彼らとは歯を食いしばって接しなければならなかった。それまで「北部に行けばニグロは自由になれる」という神話を信じていた私は、北部の白人は南部の白人とは違って人種主義者ではないと思っていた。しかし自分の誤りに気づくまでに、時間はかからなかった。

それでもギャレットでの学びは刺激的だった。もちろんそのための基礎を仕込んでくれたのはボヤック夫妻だったのだが。たくさんの神学者を知り、これまで知らなかったさまざまな神学論争にも触れることができた。私は聖書学が好きで、特に史的・批評的な聖書研究には目がなかった。ルドルフ・ブルトマン、エルンスト・ケーゼマン、ヨアヒム・エレミアス、史的イエスの探求である。キリスト教史の学びもまた、心踊るような道のりだった。クレメンスとオリゲネス、アタナシウスとアリウス、アウグスティヌスとドナトゥス派、ルター、カルヴァン、そしてウェスレー。もちろんフィランダー時代に初めて出会ったプラトン、アリストテレスから、ニーチェ、ハイデッガーまでのヨーロッパの哲学者たちも魅力的だった。しかし、何と言ってもやはり神学である。それはウィリアム・E・ホールデンのおかげだろう。彼は、私の知っている誰よりも創造的で刺激的な教師だった。彼の手にかかれば複雑な思想も単純に、価値のあるもののように聞こえるのだ。バルトやティリッヒ、ニーバーらについて彼と議論するのが、私の楽しみだった。ホールデンの助けなしでは、ギャレットとノースウェスタンの博士課程に合格することは不可能だっただろう。彼は指導教授の一人となってくれた。博士課程に出願したとき、私の成績は特段優れていたわけではなかった。というのもギャレットの求める学業レベルに追いつくのに私は丸一年を要し、特に最初の学期はCを三つで何とか単位を取得できた、といった具合だったのだ。しかし、ホールデンは私の知的な可能性を認め、博士課程へ進めるように、強力な推薦状をためらうことなく書いてくれたのである。

私が博士課程への出願書類をもらいに行ったとき、大学院課程の責任者を務めていたバージニア出身の教授は、どうせ合格できないのだからそんなものは必要ないと言った。「時間を無駄にするな」と彼は言うのだ。「イェールやハーバードから、君よりずっと成績のいい学生たちが出願してくるのだから」。それを聞いて私は深く傷ついたが、驚きはしなかった。彼が人種主義者であることは、ギャレット中の誰もが知っていた。私をオフィスから追い出せたことに彼は大いに満足したようで、彼の目は嬉々としていた。しかしホールデン教授の助けがあることを知っていた私は失望しなかった。ホールデンにそのことを伝えると、彼は怒ってこう言った。「もし君が組織神学で博士課程に合格しなければ、私はここを辞めてやる」。彼はギャレットの中でもっとも名の通った教授であり、他の誰よりも優れた業績をあげていたので、ギャレットの理事や教授たちは、彼を失うわけにはいかなかったのだ。ホールデンの助けがなかったらどうなっていただろうとよく思う。彼は私自身よりも、私の学才に確信を抱いていたようだった。彼のそんな期待を裏切るわけにはいかず、自分の価値を証明するために、私は誰よりも努力した。

私は書くことが苦手で、ホールデンのように自著を出版できるかどうか自信を持てないでいた。博士課程でもう一人の指導教授となってくれたフィリップ・S・ワトソンは、Aマイナス以上の成績をほとんどくれず、コメントには決まって「辛うじて」と書かれていた。彼にはたびたび「ジム、もっと書く訓練をしなさい」と言われ、話し合ったものだ。もちろん彼は正しかったし、彼の度重なる注意に私は助けられた。私はカレッジで論文を一本しか書いたことがなく、文章を書くことについてほとんど何も知らなかったと言っていい。ニグロの共同体では——たとえ大学であったとしても——書くことではなく、口で語り、説教することに重点が置かれる。それゆえ、紙の上で言葉を文字にする際の英文構造を、私は理解していなかった。私は中学校の英語の教科書を買い、生まれて初めて、英語という言語が持つさまざまな側面について、特にそのリズムと美しさについて学んだ。

ジェイムズ・ボールドウィンのエッセイを読んで以来、私は書き方を学ぶことに夢中になった。彼は英語の達人で、高校までしか卒業していないにもかかわらず二〇世紀のもっとも偉大な散文家の一人となった。最初の小説『山にのぼりて告げよ』を書き上げるのに、彼は一〇年半もの歳月を費やした。書いてはページを破り捨て、書いてはページを破り捨て、これをひたすら繰り返して。ボールドウィンが影響を受けたリチャード・ライトは、中学二年生までしか学校に通っていない。それでも小説『アメリカの息子』で、彼はアメリカの人種主義的な根幹を揺さぶった。ボールドウィンやライトなどの創造的な書き手に励まされ、私は書き手としての可能性を広げる努力をした。自分にはまだまだ成長の余地があることを、私は知っていた。自分が誰であるのか白人から教えてもらうことを拒否し、自分が何者であるかを自分で決められるかどうか、ボールドウィンがよく言ったように、それは「自分次第」なのだ。私はギリシャ語の授業を取り、一番できの悪い生徒から最終的にはクラスで一番となって、「ギリシャ語賞」というギャレットで最優秀の学生に贈られる賞まで受賞することができた。ギリシャ語の授業でティーチングアシスタントを務めたこともある。ギリシャ語から始め、ドイツ語、フランス語と学んでいくうちに、文章中の単語の位置がその意味にどう影響するかなど、英語の構造がより理解できるようになった。

正確で良い文章を書くうえで誰よりも私を助けてくれたのは、クラスメイトで友人、そして同僚だったレスター・B・シェーラーだ。「キリスト教とブラック・パワー」という論文から『夢か悪夢か・キング牧師とマルコムX』(一九九一〔一九九六、日本基督教団出版局〕)まで、私の書いたほとんどの文章に彼は目を通して、編集上の示唆を与えてくれた。文の反復を削除し、冗漫な文を簡素にし、少ないことの豊かさを教えてくれた。良い書き手の背後には良い編集者が存在し、その人による文章の丁寧な見直しが必須であると、彼と出会ってすぐに思い知った。

もっとも、人種の違う私たちの関係は、単純にはいかないこともあった。レスターは悪気のない友人であったが、彼は隔離された白人世界に属していたため、黒人の奥深くにあって、ときに彼らを狂わせる傷と痛みを感じることができなかった。奴隷貿易、奴隷制、隔離政策、リンチなどの歴史について、レスターはよく知っていた。『奴隷制と教会』（一九七五）という本を書いたほどだ。このときは、いつも彼がしてくれていた編集の役割を、私が担うこととなった。しかし、彼はその研究対象に対する情熱に欠けていた。私の著作の源泉だった黒人の深い苦しみを、彼が本当に理解できていたとは思わない。

「私の文章は、私の血から押し出されてきたものなのだ」とクロード・マッケイは言っている。私の場合、それはビアーデンの黒人の血であり、他の黒人たちの血なのである。彼らは、私が見たものを見、私が感じたことを感じ、私が愛したものを愛した。父親と母親、そしてビアーデンの黒人たちが経験せねばならなかったことについて、よく思い巡らす。彼らが白人優越主義の存在しない世界に生きていたらどうなっていたかと。四世紀にわたって続く白人優越主義によって数千万規模の黒人の命が奪われ、もっと長く生きるべき人びとが生きられなかったことを想像すると、涙が止まらなくなる。黒人の歴史を読めば読むほど、私の痛みは深くなり、言葉がなくなっていく。白人が享受してきた特権の代価として黒人が背負った軛《くびき》を、白人が真に理解できる日がいつか来るのだろうか？

他の多くの白人と同じようにレスターと彼の家族は、黒人の苦しみや黒人の正義を求める闘いに心を動かされないようだった。彼は私が書いたすべての本を読み、手直ししてくれたが、私の言葉は一言も彼に届いていなかったのだろう。ボールドウィンの戯曲『白人へのブルース』の登場人物の一人であるファニタが、思いやりあるリベラルな白人に問うたことを、私もレスターに聞いてみたかった。「君は自分が何も知らないことを、どうして知らないでいられるんだい？」[16] しかし私は訊ねなかった。そうすることは私たちの友情の終わりを意味していたから。もっとも、不幸なことに何年か後に、それは現実となってしまうのだが。その代わりに、私はほとんどの場合じっと我慢していた。自分の一番奥深くにある感情に仮面をかぶせて。しかし、それがいつも可能なはずもなく、厳しく言い返してしまうこともあった。だから私たちは、できる限り人種の話題を避けるようにしていた。

ペンを取って「キリスト教とブラック・パワー」を書き始めたとき、私はこう自分に誓った。黒人としての尊厳がかかっているときに、仮面をかぶることは金輪際しないと。

注

1 Paul Laurence Dunber, "We Wear the Mask" (1895), in Henry Louis Gates and Nellie Y. McKay, eds, *The Norton Anthology of African American Literature* (New York: W.W. Norton, 1997), 896.

2 Richard Wright, "The Ethics of Living Jim Crow, an Autobiographical Sketch" (1937), in *The Norton Anthology of African American Literature*, 1388-96.

3 "An Interview with James Baldwin," *Esquire*, July 1968, 51.

4 "Founding Rally of the Organization of Afro-American Unity" (June 28, 1964) におけるマルコムXの演説を参照。Malcolm X, *By Any Means Necessary* (New York: Pathfinder, 1970), 84.

5 Garry Dorrien, *The Barthian Revolt in Modern Theology: Theology Without Weapons* (Louisville, KY: Westminster John Knox, 2000), 122-28; Eberhard Busch, *The Barmen Theses: Then and Now* (Grand Rapids, MI: Eerdmans, 2010).

6 Stokely Carmichael and Charles V. Hamilton, *Black Power: The Politics of Liberation in America* (New York: Vintage Book, 1967), 47.

7 James Baldwin, "White Racism or World Community?" (1968), in *Collected Essays*, ed. Toni Morrison (New York: Library of America, 1998), 749.

8 "Autobiographical Notes," in *Collected Essays*, 8.

9 James H. Cone, "Christianity and Black Power," in *The Risks of Faith: The Emergence of A Black Theology of Liberation, 1968-1998* (Boston: Beacon Press, 1999), 3-12.

10 Paul Lehmann, *Ethics in a Christian Context* (Louisville, KY: Westminster John Knox Press, 1963).

11 James H. Cone and Gayraud S. Wilmore, eds., *Black Theology: A Documentary History, Volume I: 1966-1979* (Maryknoll, NY: Orbis Books, 1993), 19.

12 『モティーブ』と『クリスチャン・センチュリー』両誌に論文を送ったが、丁寧な断りの手紙が彼らから送られてきた。私はくじけなかった。

13 "The Art of Fiction LXXVIII: James Baldwin," an interview by Jordan Elgrably and George Plimpton, in *Conversations with James Baldwin*, ed. Fred L. Standley and Louis H. Pratt (Jackson: University Press of Mississippi, 1989), 251.

14 Fyodor Dostoevsky, *The Brothers Karamazov*, trans. Richard Pevear and Larissa Volokhonsky (New York: Farrar, Straus & Giroux, 1990), 774.（『カラマーゾフの兄弟5』亀山郁夫訳、二〇一二年、光文社、五八頁）

15 二〇一六年一一月二七日。この手紙をくれたとき、彼女は九七歳になろうとしていた。

16 James Baldwin, *Blues for Mr. Charlie* (New York: Dell, New Laurel edition, 1964), 106.（『白人へのブルース』橋本福夫訳、一九六六年、新潮社、一三八頁参照）

訳注

i 一九六四年、共和党大統領候補となったバリー・ゴールドウォーターの政策に賛同する共和党員のこと。

ii 南部の公共交通機関における人種差別撤廃を目的とした運動。一九六一年五月四日、一三名の黒人と白人が長距離バスに乗り込み、ワシントンDCからニューオリンズを目指したことに端を発する。白人優越主義の暴力性を可視化し、アメリカ全土に影響を与えた。

iii おもに西アフリカで着られる衣服。公民権運動などの影響から、アフリカ系アメリカ人の間でも着用される。

iv アルバート・クリーグ牧師によって一九六七年に創設された。ブラック・ナショナリズム運動などラディカルな黒人解放運動に参与。現在はパン・アフリカン正教会という名で教団を形成している。

v 南アフリカ共和国において一九六〇年代後半から展開された。スティーブ・ビコを指導者とする。

2 主のなされたこと
――黒人神学とブラック・パワー

エイドリアンに帰って数日後、リンカーンと出会った興奮も冷めやらぬうちに、コルゲート・ロチェスター神学校（ロチェスター、ニューヨーク州）の学部長から電話があった。公開講義と神学部の教員採用面接への招きだった。大学院で神学を教える可能性が与えられたことに、私の胸は高鳴っていた。黒人学生たちの間で黒人教会論への知的かつ霊的な関心が高まっており、それに応えうる黒人教授の雇用を彼らが要求していたのだ。私を推薦してくれたのは、C・エリック・リンカーンだった。私を見込んでくれていたのだろう。この招聘によって、私は自分の神学を試すもう一つの場を、しかも今度は神学校で与えられることになった。コルゲート・ロチェスター神学校はかつて、社会的福音の提唱者であるウォルター・ラウシェンブッシュが教えた学校である。それだけではなく、偉大なるニグロ預言者にして神秘主義者、二〇冊以上の著作を残したハワード・サーマンが学位を取得した場でもあるし、一九六五年、マルコムXが暗殺される三日前に講演した場所でもある。

一九六八年、学生や教員たちとブラック・パワーやイエスの福音について議論する準備を整え、私はコルゲートを訪ねた。議論は非常に激しく、また刺激的なものになり、多くの疑問に答えていく中で私の神学的視点は発展した。神学は、その時々の特定の知的、政治的、宗教的状況が提示する問いに応答していくことで発展する。私が応答していた状況とは、黒人たちの自由を求める運動、つまり公民権運動とブラック・パワー運動によって創出された状況だった。マーティン・ルーサー・キング・ジュニアとマルコムXによる運動である。黒人やリンカーンを代表しているだけでなく、私自身の将来もこの講義にかかっている。ここで挫折するわけにはいかない。

黒人学生たちは、講義に魅了されたようだった。一方、白人の教員と学生たちは、どちらかというと私の自信満々な様子に驚いたようで、疑問を呈してきた。黒人であることを愛し、ブラック・パワーを受け入れようという私の主張を、彼らは白人に対する憎悪だと解釈したのだ。そのような受け取り方は予想外のものだったが、マルコムXやストークリー・カーマイケル、またジェイムズ・ボールドウィンも、似たような白人の反応に直面してきたのである。黒人であることを愛し、その美しさを主張すると、それは決まって白人の恐怖と敵意を呼び起こすようだ。神学に黒人性を持ち込むことは、特に白人にとって厄介なことなのだ。

彼らの疑問は、私がエルムハースト・カレッジで、またその後のキャリアの中でも幾度となく尋ねられることになる問いだった。「愛と和解はどこにいったのか？」「えっ、どういうこと？」私はこうやり返した。黒人独特の喋り方で、私に一番馴染んだ喋り方で。「黒人を愛することは、必ずしも白人を憎むことにはならない。白人を愛するために、黒人は自分を憎まないといけないのか？　そんな馬鹿げたことがあるか」。私は熱を込めてまくしたて、同時に微笑みで怒りを少し落ち着けてから、こう続けた。「問題は、従順で何にでも言いなりになる受け身なニグロや、頭を垂れてニヤニヤするニグロに、白人が慣れ切ってしまっていることだ。しかしそんな日々はもう終わったのだ。私たちは新しい時代を生きている。黒人が侮辱されたときに、左の頬までをも差し出さなくていい時代を。白人神学者にキリスト教の福音の意味について逐一伺いを立てる必要のない時代を。いまこそ、黒人がその苦しみのただ中から生み出した信仰に立ち戻ろう。特権にまみれた白人キリスト教とその神学は異端として退けよう。いま必要なのは黒人神学、黒人の尊厳を求める闘いに責任ある形で参与しうる神学なのだ」。「黒人神学」というフレーズを使ったのは、このときが初めてだった。

わざわざ記さなくてもわかるだろうが、コルゲート神学校の教員となることは叶わなかった。代わりにフィールドスタディーでの教員職を提案されたが、私はそれを固辞した。それでも講義に対する教員や学生、特に黒人学生からの反応は非常に満足のいくものだった。コルゲートの教員たちに、黒人神学についての本をこの夏に執筆する予定だと伝えると、自信たっぷりな私の様子に彼らはまたも驚いたようで、「こいつは何を言っているんだ？」とでも言いたげな顔をしていた。しかし、彼らは一二月に再び私を神学フェローの一人として講義に招いてくれ、執筆への気持ちは一段と高まったのだ。

もう一つ、執筆の動機となった事件が、それからおよそ二週間後に起こった。一九六八年四月四日、メンフィスのロレイン・モーテルのバルコニーで、マーティン・ルーサー・キング・ジュニアが暗殺されたのだ。それを知ったとき、私は自宅で実存主義哲学についての授業を持っていた。沈痛な面持ちの妻ローズから何が起こったのかを静かに伝えられたとき、私は言葉を失い、授業を中断した。それから、疼く心を抑えながら努めて冷静に、学生たちを自宅に帰した。重たい心を引きずったまま白人と一緒にいることはできなかったのだ。一人になって、この悲劇の意味を見定めなければならない。

キングの暗殺は、私の人生の転機となった。キングが生きている限りは、白人のアメリカが改心し、ニグロを人間としてみなすようになる可能性があるのではないかという期待がまだあったが、キングがいなくなったいま、その希望はどこにあるのか。マルコムはキングやニグロの群衆に向かって、アメリカに良心などない、黒人が強制しない限りは絶対に私たちを人間としては扱わないと繰り返し語っていた。キングが暗殺されたあの日、マルコムの言葉が真実味を帯びて迫ってきたのだ。

キングを殺したのは、白人リベラルだと感じた。そしてそれを助けたのは、キングの急進性についていけなくなったニグロたちだった。もちろん実際に銃の引き金を引いたのは彼らではない。しかし、貧困、人種主義、戦争という三大巨悪に対処し損ねたアメリカには神の裁きが下るとキングが宣言したとき、彼らはキングを拒絶したのだ。白人のリベラルなメディアは、キングを危険視していた。彼らは、キングがベトナム戦争に反対することでアメリカの外交政策に干渉していると非難し、また行進する先々で暴力を扇動していると彼を責めたのだ。しかし、白人リベラルはキングの殺害について何の責任も負わなかったどころか、なぜニグロが暴動を起こし自らの共同体を焼き払っているのか、その理由を理解しようとする素振りさえ見せなかった。

キングの暗殺や都市部での暴動について、白人と会話する気持ちにはなれなかった。私の心には、人種主義者に対して人種差別とは何であるかを説明するような余裕など残っていなかったのである。彼らに言うことなど何もない。私は自分の伝えたいことは紙の上に書こうと決心した。彼らに何か読む物を与え、そのあとで話せばいい。エイドリアンで白人の友人が話しかけてきたときに、何も言わずただ睨み返したこともあった。また何か会話したとしても、「激昂する黒人」の口から出てくるのは、辛辣な言葉ばかりだった。これまでと同じ私ではないことに、誰もが気づいていたに違いない。もっとも私は、自分の状況を説明することに時間やエネルギーを浪費するつもりはなかった。「ジムはどうしたんだ?」と人びとは囁き合っていたはずだ。私は授業を終え家に帰ると、脇目も振らず地下の「青い部屋」へと向かい、無我夢中でノートに言葉を書き溜め、これから執筆することについて熟考した。

筆を握っているときは、黒人の音楽を聴いた。マヘリア・ジャクソンやB・B・キング、アレサ・フランクリン、ボビー・〝ブルー〟・ブラントらの轟くような音。彼らの音楽は、私の霊的で実存的な痛みを和らげ、ビアーデンのジューク・ジョイント〔黒人労働者が仕事終わりに集まる酒場〕や教会へと私を連れ出すのだ。そこは私の本当の居場所であって、人びとが人生の哀歓について語ったり歌ったりするのが耳元で聞こえるようだった。彼らが困難な時代を乗り越えられたのは、歌を歌い共同体として支え合ったからに他ならない。キングの暗殺と都市部での暴動、ギャレットで学んだ神学、そして白人優越主義とそれに対する黒人の深く霊的な抵抗によって形作られたビアーデンでの生活、そのすべてを理解するために、私は筆を取らねばならなかった。黒人としての経験に深く身を沈めると、ブラック・パワーとキリスト教について書くための言葉がすぐに見つかった。このとき、もし書くことがなければ、私は正気でいることができなかったかもしれない。文字を重ねていると、黒人霊歌とブルースのビートが私の内奥から鳴り響き始めた。魂を震わせる言葉と音。故郷への憧憬。私の知っている黒人たちや、彼らの名前すら知らないときから私のことを知って、愛してくれた人びと。中西部の荒野での生活のあと、私は文化的、霊的な糧に飢えていたのだ。エイドリアンを離れ、私の内で燃え盛るものに言葉を与えるのが待ち遠しかった。

学期終了後、私はエイドリアンをすぐに飛び出し、ビアーデンとリトル・ロックの家へ帰った。ジェイムズ・ボールドウィンは本当の自分を見つけるために家を離れ、パリに行って最初の小説を書かねばならなかったが、私は初の自著『黒人神学とブラック・パワー』(一九六九〔邦題『イエスと黒人革命』一九七一、新教出版社〕)を書くために故郷へ帰らねばならなかった。私の亡兄セシルが、当時ユニオンAME教会(リトル・ロック)で牧師を務めていたため、私は彼の教会の事務所を執筆のために使うことができた。日曜日以外は毎日、午前七時から夜中の一二時まで、私は心の中にあったものを吐き出し続け、ひたすら机に向かった。日曜日は終日、教会の礼拝に出席し、兄の説教や会衆の歌声、祈り、証しを聞いた。自分が何を書こうとしているのか、誰のために書いているのかを忘れないために。

『黒人神学とブラック・パワー』を書いたときほどに解放された経験はない。仮面を脱ぎ捨て、自分の本当の考えを、白人、特にギャレットとノースウェスタンの教授たちに語る。こんな瞬間をずっと待っていたような気がした。これまで、彼らに侮辱され無視されるのを長い間じっと耐えてきたのだ。彼らが、私たち黒人学生を、その歴史や文化もひっくるめてすべてが取るに足らないかのごとく扱うのを、黙って耐えてきたのだ。彼らはアフリカに歴史はなく、黒人宗教史から学ぶものなど何一つないと主張した。さあ反撃を開始しよう。

いざ書き始めると、言葉はとめどなく流れ出てきて、ペンが追いつかないほどだった。自らの文化の言葉の海で泳ぐ私はまさに水を得た魚で、それはいままで経験したことのないような本当に素晴らしい瞬間だった。大学院時代は、自分が何をしているのかわからなかったのだ。なぜ黒人のことを何一つ知らず、また知ろうと努力すらしないヨーロッパの神学者について論文など書かなければならないのか。しかしいま私は生き生きと、黒人であることと解放という信念を胸に、自分の中の大切な何かについて言葉を連ねている。

ブラック・パワーとは今日のアメリカにおける福音であるということの証明は、刺激的であると同時に困難な課題だった。ブラック・パワーとは何であるか。それは白人優越主義が否定した黒人の人間性を、黒人が肯定することである。それがいかなる形態であれ、抑圧とは人間性の否定を意味しており、被抑圧者はあらゆる力を使って、自らの人間性を守らねばならない。抑圧的な政治体制に対し自らの人間性を固持することは、人間としての責任であるばかりでなく、キリスト者としての責任でもある。これがブラック・パワーのメッセージであった。イエスとブラック・パワーの主張は何ら変わらない。イエスは虐げられた人びとを解放するために現れたのではないか。もし私たちがブラック・パワーをキリスト教的だと思えないのだとしたら、それは、私たちが白人優越主義の文化の生み出したキリスト教解釈を無批判に受け入れているからに他ならない。神学者や教会が福音を解釈し、語っていくうえで、奴隷制やジム・クロウ分離政策、リンチなどの社会構造的な人間性の否定を無視するなら、彼らの福音も神学もイエス・キリストのメッセージに反することになる。

『黒人神学とブラック・パワー』は、私の神学者としての命を救ってくれた。自分の召命の真の目的を、私はここで達成することができたのだ。これまで、多くの牧師が牧会に就いた経緯を語り、自分の召命物語を説教するのを聞いてきた。ある人は「行って説教しろ！」という大きな声を聞いたとき、していたことをすぐにやめ、召しに従ったと言う。またある人は、ほとんど聞き取れないような「細い静かな声」がして、それから逃れようとしたという。皆それぞれに違った召命物語を持っている。私が召命を感じ、神の言葉を語る道に進むことを決意したのは一六歳のころ、カレッジでの最初の学期中だった。一九五四年一二月一二日、兄の教会であるスプリング・ヒルＡＭＥ教会で、私は初めての説教を行った。あの日曜日の朝、私の内にはたしかに燃えるものがあって、正しく真実であるものに対して信仰告白するという衝動に突き動かされていたのだ。私は「それを説教する」ために、最善を尽くした。イエスの良き業について、彼が病人を癒し、目の不自由な人の視力を回復したことについて語った。当時、私が福音について知っていることは限られていたが、それでもそれは解放的真理のように感じられたし、私は霊的にも知的にも、そのもっとも深い部分において、その物語を解釈しようと努めたのだ。

しかしＡＭＥの監督のもとで牧師として働くことはできないと悟るまでに、時間はかからなかった。ＡＭＥには、真に道徳的なシステムがなかったからだ。監督たちの牧師に対する品位を欠いた無礼な行為は、独裁的な白人優越主義を思い起こさせるに十分だった。唯一異なるのは肌の色ぐらいだろうか。ＡＭＥの教会で牧会をすることも、他の教派で牧師となることもないと知りながら、私は神学校に入学した。だからといって、博士課程に進むという考えが当時あったわけではない。ウィリアム・ホールデンが、神学の博士号を取得すべきだと説得してくれるまでは、進学など思いもおよばなかったのだ。

カレッジで教えることが、ギャレットを卒業したときの私の何よりの望みだった。それは夢のような仕事だった。もっとも、教職に就くことが、私を宣教の道へと駆り立てたあのときの召命に十分応えることになるのかどうか、自信が持てないでいた。教職や学問の探求が自分の召命への応答になりうると考え始めたのは、一九六五年にベンジャミン・E・メイズ博士と出会ったことがきっかけだった。彼は黒人宗教の卓越した研究者で、モアハウス・カレッジの学長として伝説的な人物だった。また彼はマーティン・ルーサー・キング・ジュニアを教え、キングに大きな影響を与えていた。J・W・ニコルソンとの共著である『黒人教会』(一九三三)、そして古典となった単著『ニグロの神』(一九三八)を執筆している。アトランタのAMEの一組織でアトランタ大学センターに参画していたモーリス・ブラウン・カレッジに、講演者として呼ばれて出向いたとき、メイズ博士夫妻は当時面識のなかった私を朝食に招待してくれたのだ。彼が私のことを認識していることすら知らなかった私は、大いに動揺した。

その日の朝、私は緊張した面持ちで彼の家へと歩いて向かっていた。フィランダー・スミス・カレッジで宗教と哲学を教えるだけの特筆すべき実績もない新米教員を、なぜ彼は朝食に招待してくれたのだろうか。ドアベルを鳴らすと、メイズ博士はドアを開け、温かく出迎えてくれた。私は早速朝食の席へと案内されたのだが、そのとき何が振る舞われたのか、誰が給仕をしてくれたのか、まったく記憶がない。私は夢うつつで、辛うじて覚えているのは、明るい太陽の降り注ぐガラス張りのベランダに座ったことぐらいだ。滞在中、私は緊張のあまりほとんど言葉を発することなく、ただ畏怖の念を抱きながら話に聞き入っていた。黒人の解放運動に深く参与した、並外れた知識人と空間を共にすることの意味は説明しがたい。とにかく震えを抑えるのに精一杯で、いまになってみても、そのときのことを正確に思い出すことができないのだ。

メイズ博士は一人で語り続けた。私の知性が優れていること、学者としてかけがえのない未来が待っていることについて。その出会いを機に、私は自分自身に対する認識を大きく改めることになった。博士号を取得できるだけの学力があると背中を押してくれたのはウィリアム・ホールデンだが、メイズ博士も同様に、私がまだ一冊の本も出版しないうちから、一流の神学者になるだけのポテンシャルがあると伝えてくれたのだ。どうやって彼は私の潜在能力を感知したのだろう？　彼は私の講義でも見たことがあるのだろうか？　私は畏怖のあまり何も聞けずにいた。私に秘められた可能性を、彼は私よりもずっと多く見積もっているようだった。彼の言葉によって私は、自分の知的な可能性について、また神の言葉を伝えるという召命について、新しい形で考えるようになったのだ。

その後私はフィランダーへ戻り、しばらくしてエイドリアンへ移った。それからさらに数年後、私は兄の教会の事務所に座って、福音と黒人性について書いていた。これは夢ではないだろうか。不安になった私は、頬をつねってそれが現実であることを何度も確かめた。メイズ博士が私に見出した可能性に応えよう。

兄の教会の事務所を歩き回りながら、書いたばかりの文章を声に出して読んでみると、それは信じられないほど明快で、力に満ちていた。どうして自分の内側から、これほどまでに美しい言葉が溢れ出たのだろう。もはや書いているのは自分ではなく、何か霊的な力が書くべきことを囁いてくれているのではないか。ビアーデンの黒人たちが、真理を語れと私に訴えているのではないか。「アーメン!」「ハレルヤ!」文章の最後に、彼らの叫びが聞こえてくるようだった。説教者が雄弁に真理を語るとき、いつも彼らはこう応答するのだ。また、奴隷だった祖先の霊が内から湧き上がってくるのを感じたことさえある。黒人の信仰に固く立て。自分の欲望を満たすためでなく神の真理を書いている限り恐れる必要はない。そんな励ましの言葉を、彼らは耳元で囁くのだ。本が出版された暁には、多くの人びとの怒りを買うであろうことは承知のうえだったが、そんなことまで気にしている余裕はなかった。奴隷船からリンチの木に至るまで黒人たちがくぐり抜けた苦しみを思えば、私の文章で誰かが、とりわけ白人が気分を害そうと、そんなことに構ってなどいられない。

私は周りの人びと(特にエイドリアンの同僚たち)から、つねに理解されてきたわけではなかった。何の理由もなくいつもイライラしている、へそ曲がりでとっつきにくいニグロだと、彼らは私のことを見ていただろう。しかし、そんな周りの目が気にならないほど、私は書くことに没頭していた。神はニグロを黒人として創り、それは善いことなのだ。白人は黒人であることを中傷するが、それは悪魔の行為なのだ。イエスは白人性の呪縛から黒人を解放するために来た。私に黒人性について語るなと言うことは、マルコムに向かって黒人性について語るなと、マーティンに向かって貧困と人種主義、そしてベトナム戦争について口を閉ざせと、そしてジェイムズ・ボールドウィンに向かって、愛の力について証しするのをやめろと迫るに等しい。彼らはそれぞれに高い代価を払ったのである。マルコムとマーティンは命を差し出さねばならなかった。私の代価は、そのほとんどが神学者としての孤独という類のものであったが、彼らのそれに比べれば安いものだ。

いい文章を書くためには、黒人の経験について熟考する必要があった。黒人たちへの愛を通して、私は自分の言葉を見つけたのだ。語らなければならぬことを表現するために、私が彼らの内の一人なのだと黒人たちが知るために、そして彼らの経験を反映した神学をするためには、自分の言葉を見つけなければならない。もちろん、ヨーロッパの神学と哲学を一括りに捨てたわけではなく、いまでも私はそれを読んでいる。しかし黒人神学は脱構築から始まるのだ。大学院で教えられた白人神学の抑圧性を解体しなければならない。白人神学は、黒人を無視したばかりでなく、黒人宗教の伝統に存在する豊かな財産からも私の目を背けさせた。私の思想も、白人優越主義に苦しむ黒人たちも、バルトやティリッヒ、ニーバーらを神学的権威として崇めていては、永遠に解放されないだろう。彼らの神学は、私を独立した思想家にするためや、黒人を解放するために書かれたのではなく、白人の自由を守るために、そして黒人の奴隷状態を維持するために構築されたのである。白人神学を脱構築して、私の思考に忍び込む彼らの影響を破壊せねばならない。その過程を経てようやく、奴隷経験の中から響いてくる黒人の声を聞くことができる。黒人のホロコーストという廃墟から鳴り響く声を。私は過去に立ち返り、私に命を与えた黒人の遺産を回復せねばならなかったのだ。

一八世紀の終わりにリチャード・アランとアブサロム・ジョーンズが、仲間の黒人たちと共にフィラデルフィアのセイント・ジョージ・メソジスト監督教会を離れ、ベテルと呼ばれる独立したアフリカ教会を組織した歴史については知っていた。他のアフリカ系教会も似たような状況の中で結成され、アランのもとにまとまり、最終的にそれが一八一六年のアフリカン・メソジスト監督教会〔AME教会〕の設立へとつながったのだ。アランらのセイント・ジョージ教会からの離脱は、あの古代イスラエル人の出エジプトを思わせる。AME教会の設立はシナイ山における神との契約で、リチャード・アランはモーセだったというわけだ。他のメソジストやバプテスト教会でも、アランらと同じような黒人の離脱があったことも聞いていた。白人たちの敬意を欠いた態度が主な原因となって、黒人を独自の教会教派の設立へと導いたのだ。

彼ら以外にも偉大な預言者たちが存在したことを、私は学び始めた。黒人長老派の牧師であったヘンリー・ハイランド・ガーネットは、奴隷に向けた演説の中で、彼らに抵抗を呼びかけた。「もし代々の奴隷が解放されたいなら、自分自身で抵抗しなければならない」。白人の長老派教会に留まり、その中で革命的な声を発し続けたガーネットの言葉に、私は大きく心を動かされた。またニューヨーク州アルバニーでバプテスト教会の牧師をしていたナサニエル・ポールは、奴隷制と向き合う中で神の受動性を問いただした。「ご自身の創造物」が「隷属と貧窮の状態に貶められている」ときに、どうして神は「平然とした傍観者」のようにしていられるのか。黒人牧師たちが発したこれらのラディカルな言葉に、私は自分の声を重ねる決意をした。一八五二年にAMEの監督に選出されたダニエル・A・ペインでさえ、神の存在に疑念を呈し、こう問うたのだ。「もし彼が存在していたとするなら、彼は正義なのであろうか？　もしそうならば、なぜ彼は一つの人種が抑圧と隷属に苦しむのをお許しになったのだろうか……？」

私はこれらの黒人の声の中に、黒人神学が汲むべき泉を掘り当てたのだ。黒人の教派教会が奴隷制やリンチ、ジム・クロウ分離政策などに革命的精神を持って抵抗しなかったことは事実である。私はその抵抗こそ福音の要求であると信じているが、それを差し引いてもなお黒人の宗教伝統の中には、神学者が立ち戻りうる遺産があるのだ。その一つが、ヘンリー・マクニール・ターナー牧師だろう。彼が一八九八年に語った「神はニグロである」という言葉は、黒人神学を展開するうえで貴重な財産となった。ブラック・パワーは教会ではないが、それは黒人であることをそのもっとも深い次元で表現している。それを黒人は受け入れるようにと招かれているのだ。これらの脱構築と回復の過程を経て、構築の作業へと移る準備が整った。黒人の苦しみと闘いによって定義される黒人神学の創出である。

さて、『黒人神学とブラック・パワー』を書くことは、故郷の人びとに立ち帰ることなしにはおそらく不可能だっただろう。この本の執筆に兄の教会は最適な場所だった。そこでは黒人の霊が充満して私を包み込み、神学的な支柱となったのだ。神は黒人を奴隷や二級市民とすべく創造された、という信仰を拒否した祖先たちを思いながら、私は言葉を紡いでいた。

一週間にほぼ一章ずつ執筆して、四、五週間たったころ、私はペンを置いた。疲れ果てていたが、手応えを感じていた。その後約二ヵ月間、どこへ行くにも原稿を持ち歩き、片時も目を離さないようにした。何か価値のあるものが書けたのだろうか。過去三五〇年間の黒人の苦しみに値するようなものが書けたのだろうか。不安に思う気持ちを打ち消すかのように、私は何度も文章に目を通し、それをより明瞭で説得力のあるものとするため推敲を繰り返した。

夏季休暇が終わり、リトル・ロックからエイドリアンへ車で帰る途中、アーカンソー州リトル・ロック出身のチャールズ・H・ロングを訪ねた。彼は著名なニグロの教授で、シカゴ大学で宗教史を教えていた。彼のことはよく知らなかったが、彼は寛大にも私を食事に招いてくれたうえ、私の本についても話を聞いてくれた。

彼は本の草稿に目を通すどころか、その素振りさえ見せないまま、草稿の出版を私に勧めた。この奇妙な出会いをどう説明していいのか私はわからない。彼より一二歳年下の私は、彼の知性に字義通り恐怖を抱いていた。学問の界隈において、特に彼が黒人として初の会長を務めていたアメリカ宗教学会において、彼の明晰さはよく知られていた。また彼は有名なミルチャ・エリアーデやジョセフ・キタガワと共に『宗教史』という著名な専門誌の編集者の一人を務めていた。私の本が出版されてすぐ、黒人宗教研究協会に属する黒人宗教研究者たちの面前で、彼の知的なナイフは披露されることとなった。そのとき、彼は誰よりも激しく私を批判したのだ。実は、シカゴで初めて出会い原稿について会話したとき、すでに私は彼との漠然とした対立の醸成を感じていた。その対立は、学問の世界において長く存在してきた神学と宗教史学の緊張関係を反映していたのかもしれない。何か裏のあるような彼の目つきが、そう予感させたのだ。彼は親切だったが非常に用心深く、彼が悩みのタネになるであろうことを私は直感した。もっともその正確な理由は最後まではっきりしなかったのだが。

エイドリアンに戻った私は、原稿をレスター・シェーラーに渡した。彼は編集上の有益な助言をしてくれた。文章はより明快で説得力のあるものとなり、なおかつ彼は、私の文章を少しも和らげようとしなかったのだ。それから私は、原稿をC・エリック・リンカーンに送ることにした。私が書いた初めての論文を『誰かブラック・アメリカを聞いているか?』(一九六八)において世に出してくれた彼の意見を聞きたいと思ったからだ。一週間もしないうちに彼は興奮した様子で電話をくれ、これはたいへん重要な本になるから出版の準備をさせてくれと言う。私は大きな喜びと、興奮、そして驚きを感じつつ「もちろんです！」と返事をした。「あと二章は必要だな。黒人神学についてもっと主張しないといけない」。「それは次の本にとっておきます」と私は答えたが、「いや、この本で次の予告までしておかないと」と彼は譲らなかった。

結局、リンカーンの指示に従って「黒人神学についての諸観点」（五章）と「黒人神学における革命と暴力、そして和解」（六章）という二章を書き加えた。自分でも驚いたことに、その二章は初めの四章よりもずっと自然に私の中から流れ出てきた。黒人神学について建設的に考察し始めたのは、その二章が初めてだった。日中は授業で教える傍ら、「青い部屋」でブルースを聴きながら夜を徹して執筆と編集の作業を行った。約二週間でその二章は書き上がった。

ビアーデンで書いた章は、ブラック・パワーやイエスの福音について、さらに白人と黒人それぞれの教会などについて分析を施している。ブラック・パワーについては、必要なあらゆる手段を用いた黒人の政治的解放と定義し、一方イエスの福音については、イエスの生と死、そしてその教えにおける神の国の到来と定義した。イエスは、貧しき者を解放し、彼らを新たな存在の領域へと導くのだ。イエスの解放とは、政治的かつ霊的なものであった。ローマ帝国に対して闘ったイエスは、彼を信じ従う者に、誰も奪うことのできない救いを与えるのだ。白人教会、黒人教会はいずれも、イエスの解放の福音を説教することや、それを生きることに失敗した。彼らは自らの組織の存続に執着しすぎたあまり、イエスの言葉に傾聴できなかったのだろう。「自分の命を救いたいと思う者は、それを失うが、わたしのため、また福音のために命を失う者は、それを救うのである」（マルコ八・三五）。しかしこれらの章は分析に注力したため、私の神学思想がぼやけてしまっている。一方、あとから書いた黒人神学についての章では、より踏み込んだラディカルで建設的な議論が展開されている。それはまた、あらゆる異議異論に対する反論を準備することにもなった。最後の二章において私を導いたのは、黒人の詩人リロイ・ジョーンズ（アミリ・バラカ）が書いた黒人の魂についての以下の定義である。

鎖を露わにせよ。奴らにその鎖を客体として、主体として見せつけてやれ。鎖が砕け落ちるのも見せつけてやれ。[1]

黒人神学について最後の二章で展開した思想は、約五〇年を経た現在でも、私の中に留まり続けている。アルベール・カミュが言うように、本の解釈はその時々の流行によって変わっていく。「いまだかつて〔神の〕存在論的証明のために命を捨てた人などいない……人生の意義こそ生死に関わる問題なのだ」[2]。私は黒人神学の視点から、アメリカにおける黒人の生の意味について探求していたのだ。しかし黒人神学を構築する前にまず、白人神学を、白人と黒人の両教会を脱構築せねばならなかった。黒人神学の始点は、黒人の苦しみと黒人の生きている状況である。なぜならそここそ、イエスの出来事が起こった場所であるのだから。黒人の痛みの中に、黒人の苦悩の中に、神の啓示があるのだ。それならば黒人の苦しみとは、究極の宗教的権威であって、すべての神学的主張に対して最終的な権限を持つのである。

私は熱情と確固たる神学的信念とともに、神学や教会、そして社会などにおける各種の論争に自らを投じた。とりわけ革命、暴力、そして和解についての私の発言は、黒人神学の中でもっとも激しい議論を呼ぶテーマとなった。いかなる議論においても黒人性こそ私の権威であり、出発点である。私は、黒人文化的民族主義者のマウラナ・カレンガを引用した。「私が黒人であるという事実こそ、私の究極的現実である」[3]。白人の宗教学者も黒人の宗教学者も、神学者によるそのような主張を前に、困惑していた。しかしそれは、彼らがキリスト教を白人化したためであり、それをヨーロッパや白人のアメリカ文化と完全に同一視したからなのである。イエスは白人ではない。「キリストは黒いんだぜ、ベイビー」[4]。白人優越主義によって形成された文化の中で、黒人である私たちがキリストを理解するには、それが唯一の方法なのである。

黒いキリストとは、ブラック・パワーにおいて定義される黒人革命に生きる解放的な霊のことである。白人優越主義と対峙した黒人たちは、その抵抗の手段として、何も真っ先に暴力に訴えたわけではない。しかし黒人の尊厳のためには、自衛が必要になる。黒人共同体における白人優越主義の心理的、肉体的、そして霊的な暴力の常在性こそ、白人アメリカ人の主要な関心事とならなければいけない。和解とは白人の責任事項なのだ。

白人は、「ブラック・パワー」や「黒人神学」といった言葉が気に入らないようだったが、彼らの好みに構っている場合ではなかった。カーマイケルが言ったように、私も「今回は、白人の聞きたい言葉ではなく、黒人が自分たちの使いたいように言葉を使った」[5]のだ。白人を喜ばせるために本を書いたのではない。傷ついた黒人の魂を力づけるために、私は本を書いた。教会に留まろうともがきつつ、同時にアメリカにおいて自らの黒人性を受け入れ、正義のために闘おうとしていた彼らのために。またあの本は、黒人になりなさいという白人への呼びかけも意味していた。「神の和解の言葉とは、黒人になることによってしか罪の赦しはない、ということを意味するのだ」。

「白人の私が、どうやったら黒人になれるのか?」と白人によく訊かれた。「アメリカにおいて黒人であるということは、肌の色とあまり関係ない」。こう私は書いた。「黒人になるとは、自分の心、魂、思考、そして体を、奪われた者たちの生きる場に置く、ということである」[6]。黒人になるとは、イエスがニコデモに言ったように「新しく生まれる」こと、「水と霊」(ヨハネ三章)、解放的な黒人の霊によって、新しく生まれ変わることなのだ。

この神学的主張に対し、宗教学者からは厳しい批判が寄せられた。その中には、重要な著作『黒人宗教とブラック・ラディカリズム』（一九七三）の著者で、私の親友でもあるゲイロード・ウィルモアもいた。しかし彼の批判があっても、私の考えは変わらなかった。なぜならウィルモアは主に歴史的な議論を展開しており、一方私のそれは象徴的なものであったからだ。歴史は神学者に多くを教えるが、それは神学的な事柄に対して最終的な決定権を持たない。聖書と黒人の経験において啓示された神の言葉とイエス・キリスト、これこそが神学の最終審判者なのである。クリスチャンでありながらこれを理解できない道理が私にはわからない。

そんな中、『黒人神学とブラック・パワー』は書き上がった。筆を置いてもなお私は、自分の成したことが信じられないでいた。自分の心と魂、知性に偽りのない本を書き上げ、ましてそれがもうすぐ出版され、世界に私の正体が知れ渡るのだ。シーベリー・プレスが私の本を出版してくれる運びとなった。執筆の段階では『キリスト教とブラック・パワー』という題名だったが、私の編集者だったアーサー・バックリーは、最後の二章をたいへん喜び、『黒人神学とブラック・パワー』という書名を提案してくれた。最後の二章の存在は、黒人神学を私の射程の中心に浮かび上がらせていたからだ。「タイトルは黒人神学から始めなくちゃ。それは君自身なんだから」とバックリーは言った。「その次はブラック・パワーだな。黒人神学の魂はブラック・パワーにあるのだから。キリスト教という言葉はタイトルから除こう。だってその意味は白人優越主義によって汚されてしまっているんだろ？」彼の提案をたいへん気に入った私は、それをすぐに受け入れた。私は頭の先から足の先まで神学者であって、ストークリー・カーマイケルのようなブラック・パワーの弁護者になるつもりは毛頭なかった。私にとってブラック・パワーとは、解放というより大きな主題への入り口に過ぎなかったのだ。次は解放についてもっと詳しく書こうと、私は心に決めた。

一二月にはコルゲートで、『黒人神学とブラック・パワー』についての講演を四回行った。白人や黒人の教員、学生との議論は濃密で、黒人神学という着想そのものについて、またそれがキリスト教の福音の万人救済説と調和可能なのかということについて、私たちは議論した。「福音の万人救済性とは、同時に具体性を帯びるものなのだ」と私は強調した。「受肉とはまさにそんな救いの具体性を意味している。神はイエスにおいて人間となられたのだ」。神は具体性をもって私たちのもとへ来られ、そこから私たちは普遍とは何かを知るのである。神はブラック・パワーや黒人性において語られる。一世紀にローマ人がイエスを十字架につけたように、現在は白人が黒人をリンチしているのだから。

「ブラック・パワーの暴力についてはどう考えるのだ?」彼らはこう問うた。「それをどうやってイエスが強調した愛と調和させるんだ?」「ブラック・パワーとは白人優越主義の暴力に対する応答なのだ」と私は言い返した。「君たちは黒人に対する白人の暴力には口をつぐんでいるではないか。それこそアメリカにおける主要な暴力の問題ではないか。黒人神学とブラック・パワーは何も暴力を推奨しているわけではない。彼らは必要なあらゆる手段を使って黒人の人間性を守る権利を主張しているのだ」。「必要なあらゆる手段を使って」というマルコムのフレーズは、議論に油を注いだようだった。幾人かの白人は、私が暴力を奨励していると主張した。もちろんそんなつもりはないが、黒人の率直な物言いは、白人を警戒させることがあるようだ。もっとも、彼らの動揺に付き合って議論を脱線させるつもりはない。私は自信を持って、聖書や西洋の神学的伝統について、アタナシウスからアウグスティヌス、ルター、カルヴァン、バルト、ティリッヒ、ニーバーまでを一息に論じた。白人の神学者たちと顔を付き合わせて、彼らの学術的土俵の上で議論を展開することには何とも言えぬ快感があり、私はその格闘を楽しんだ。黒人学生はそんな立ち振る舞いを誇りに思ったようで、どこへ行くにも私の後ろをついてきた。

コルゲートの学長のジーン・バートレットは、神学准教授の職を提示してくれた。もっとも、そのとき他にもいくつかの学校が私の仕事に興味を示してくれており、私は彼に、次の職場については慎重に考えてみると伝えた。高度な知的環境の中で神学について論じることはゾクゾクするような体験であり、居心地もよかった。しかし知的な挑戦だけがすべてではない。私が何よりも望んでいたのは、エイドリアンを離れ、活気ある黒人共同体の近くに身を置くことだった。文化的生産と歴史研究と政治参与の場を創出する、宗教的に生き生きとした共同体に。

私の本がアメリカの文化や神学に何らかの影響を与えるかどうかなど当時知る由もなかっ

たが、手応えは感じていた。編集者やリンカーンもそれを期待しているようだった。彼らの存在があったとはいえ、この不思議な旅の道中、私は一人きりだった。それは誰も一緒に歩く者のいない孤独な旅路で、これから向かう先について語り合える黒人神学者は一人としていなかった。一方、白人神学者たちは私の神学がブラック・パワーや他の政治運動、文化運動などの時代の影響を過度に受けていると批判したが、私は気に留めなかった。ニーナ・シモンが芸術家について述べたことは、そのまま神学者にも当てはまる。「アーティストでいながら、時代に背を向けるなんてできないでしょ。私にとって、アーティストであるということはそういうことなの」[7]。神学者であっても、それは変わらない。

注

1 LeRoi Jones (Amiri Baraka), "What the Arts Need Now," *Negro Digest* 16, no. 6 (April 1967): 5.

2 Albert Camus, *The Myth of Sisyphus and Other Essays*, trans. Justin O'Brien (New York: Vintage Books, 1955), 3, 4.（『シーシュポスの神話』清水徹訳、一九六九年、新潮社、一一－一二頁。ただし訳文は変更してある）

3 以下に引用がある。Cone, *Black Theology and Black Power* (Maryknoll, NY: Orbis Books, 1997), 34.

4 Ibid., 68.

5 Clayborne Carson, *In Struggle: SNCC and the Black Awakening of the 1960s* (Cambridge, MA: Harvard University Press, 1981), 219.

6 *Black Theology and Black Power*, 151.

7 以下に引用がある。Salamishah Tillet's review of the documentary film "What Happened, Miss Simone?," *New York Times*, Sunday, Arts and Leisure, June 21, 2015, 1, 10.

You Outta Been There

3　あなたもあそこにいたなら
——黒人解放の神学

「あれは本気じゃないですよね?」ユニオン神学校の校長ジョン・ベネットは、彼のオフィスで私に訊ねた。それは、ユニオンで教え始めて一ヵ月ほどしたある日のことだった。私のデビュー作での発言がメディアを賑わせており、神学校内の一部の教員と学生の注意を引いていたのだ。ベネットが特に気にしていたのが、「白人教会はアンチキリストである」という主張だった。

「あれは誇張したのでしょう?」と彼は心配そうに聞いた。

「そんなつもりはいっさいありません! 一言一句、文字通りの意味で書きました」。私はきっぱりと彼の目を見て答えた。

職を失うことなど微塵も恐れていなかった。彼はショックを受けたようだったが、それが真実である限り、私は言いたいことを言おうと決めていた。もうこれ以上仮面を被るつもりはない。

当時『黒人神学とブラック・パワー』が出版されてからすでに数ヵ月が経っていた。ベネットがそれを読んだことは耳にしていた。また彼はそれを友人のラインホルド・ニーバーにも送ったという。当時、ニーバーはすでにユニオンを退職していたが、多くの人びとが彼のことを二〇世紀におけるもっとも重要なアメリカの神学者と認識していた。ベネットは、社会倫理学の権威である著名なニーバーが、私の本を好戦的過ぎるとして拒絶すると考えていたのだ。そうなれば、私がユニオンの教員に任命されたことに対しても、ニーバーは懸念を示しかねない。これがベネットを不安にさせた。ニーバーへの手紙に、ベネットはこう書いている。「我々の新しい神学の助教授となったジェイムズ・コーンの著作、『黒人神学とブラック・パワー』を送ります。君はこの本を、さまざまな点で受け入れ難く感じると思うが」[1]。しかし、ベネットはニーバーを見誤っていたのだ。ニーバーのリベラリズムに対する批判は、私の白人優越主義に対するそれと非常によく似ていた。すでに一九二〇年代に、彼はアメリカにおけるプロテスタント・リベラリズムへの批判を展開していたのだ。「(アメリカにおけるプロテスタント・リベラリズムは）熱狂はおろか、熱意にさえ欠けている。世界をこれまでの慣習から離脱させるには、それが切に必要だというのに。歴史の効果的な力となるには、それはあまりにも知的であり、かつ感情に乏しすぎる」[2]。

ニーバーはベネットに取り急ぎこう返信していた。「私がこの本を気に入らないだろうという君の懸念が、誤りであることを願うよ」[3]。そんなベネットの懸念は誤りだったようだ。本を読み終えたあと、ニーバーは再びベネットに手紙を送っている。「コーン教授の『黒人神学とブラック・パワー』を送ってくれてありがとう。私はこの本をたいへんな興味を持って読みました。そして君が予想していたほど批判的には思っていません。結局のところ、僕たちが生きるこの中流社会文化において、ニグロこそ真のプロレタリアートなのであって、彼がうまく表現しているように、ニグロというマイノリティの中には憤りがあるのでしょう……彼はユニオンの教員として相応しいようだね」[4]。

ニーバーが理解し、ベネットが理解できなかったのは、ニーバーが『道徳的人間と非道徳的社会』(一九三二〔一九九八、白水社〕)で指摘した「聖なる熱狂」というものだ。「合理性とは、冷静な傍観者に属する」と、ニーバーは書いている。ベネットの黒人神学への態度は、まさにこの言葉によって表されるだろう。さらにニーバーは、「絶対主義者と狂信者は危険であるが、同時に彼らは必要なのだ」[5]と続ける。私はニーバーの『道徳的人間』を神学校時代に読み、そして執筆中にもう一度読んでいた。「非抑圧者は……彼らの抑圧者に抗議するために、その支配を権力でもって維持しなければならない人びとよりも高度な道徳的権利を持つ」[6]というニーバーの言葉に、私は大いに共感したのだ。

ベネットは、この手紙のやりとりを私にも見せてくれた。率直に言うと、ニーバーの反応は特段驚くべきことではなかった。私の仕事が軽率な怒りの爆発ではなく、妥当性のある情熱的な議論であることを、彼は理解していたのだ。むしろ私が驚いたのは、ベネットが私のラディカルな言葉にショックを受けたことだ。彼の長年の友人であり同僚だったニーバーと私の言葉は、まったく矛盾しないものだったのにもかかわらず。もっとも、ニーバーの黒人神学についての考えにもベネットのそれにも、あまり関心がなかった。この論題に関して、私に指図できる白人は誰一人としていない。だから学長のベネットに、白人教会をアンチキリストと命名したのは「誇張」だったのかと問われても、私はたじろぐことなく対応できたのである。

「白人優越主義とはアメリカにおけるアンチキリストなのです」。それから私は続けた「なぜならそれは、この近代世界において何千万人もの黒人の体と心を殺し、傷つけたのですから。またこの国は先住民の虐殺も犯しました。もしそれが悪魔の仕業でないのだとしたら、それが何であるのか私には理解できません。白人優越主義とはアメリカの原罪なのです。それはアメリカのあらゆる側面に蔓延し、特に教会、神学校、そして神学にはびこっています」。

「もし白人の神学校と教会がアンチキリストだと言うなら、なぜ君はユニオンで教えているんだね？」と彼は聞く。

「白人優越主義のストレスからでしょうか、私の父は最近心不全で亡くなりましたが、彼は木を切り、薪を集めて家族を支えました。私がユニオンで教えているのは、それと同じことです。私たちは、日常的に白人優越主義の圧迫と向き合わなければいけません。私も、ユニオンに放火でもしない限りは、ここで働き続けるでしょう。メイシーズのデパートで働くのと同じことです。そんなに難しいことではないでしょう」。

黒人の魂が、私にこんな言葉を喋らせたのだ。ベネット学長は目に見えて狼狽していた。おそらく、なぜ私を教授にしてしまったのだろうかと後悔していたに違いない。彼が、黒人からこのような感情的な言葉遣いで話しかけられた経験がなかったことは明らかだった。そしてそれは彼を不安にさせたのだ。

あとから知ったことだが、ベネットは私の好戦的な態度を少し抑えるよう説得してくれと、C・エリック・リンカーンに頼んだという。あっぱれなことに、彼はそれを断った。リンカーンはアラバマで生まれ育ち、白人優越主義の暴力を肌で知っていた。彼が表には出せず内に秘めていた戦闘性を、私が言葉にしたのだろう。事実、私の最初の本を出版社までつなげてくれたのがリンカーンであったように、私がユニオンに加わることになった何よりの理由は、彼にある。彼はきっと、自分がどこへ向かっているのかわからなかったに違いない。私自身もわからなかった。だが自分にそんなことが可能であるかを考える間もなく、事は進んでいった。最初の本を書き終えて一息入れようかというときに、リンカーンは電話をかけてきて、とんでもないことを二つも言い出したのだ。私はしばし、開いた口が塞がらなかった。

「君はユニオンで教えるべきだ」と彼は言った。世界でも有数の神学校、ラインホルド・ニーバーとポール・ティリッヒが教え、有名となった神学校、そんな場所のことをリンカーンは言っているのだ。一九六九年、リンカーンは私が着任する二年前にユニオンで初の黒人教授として迎え入れられていた。[7] 私は彼の提案にすっかり動転してしまった。コルゲート・ロチェスター神学校で教えるのももちろんいいが、ユニオンとなれば話は違う。

「エイドリアン・カレッジからユニオンへ行くなんて！　冗談でしょ」。私は思わずこう言ってしまった。

「君ならできるよ」リンカーンは断言した。「私を信じなさい」。それから彼はこう付け加えた。「もう一つ。私はいま黒人宗教についての叢書を準備しているのだが、その初巻を書いてくれないかね？」「何ですって！」本を一冊書き上げた直後に、また本を書けという彼の言葉に耳を疑わずにはいられなかった。「一冊書いたばかりですよ！」「知っているよ」と彼は言う。「あれは最高にいい本だった。でも一冊書いたぐらいで満足してはいけない。君の中には何冊も本が眠っているのだから。君のように神学を書ける人間は他にいないよ。黒人共同体には君が必要なんだ。白人の人びとにもね。神学の世界が君を必要としているのだ」。

「いつまでに書けばいいですか？」私は聞いた。

「九月まで」と彼は言った。

「まさか、いまから九ヵ月しかないじゃないですか」。私はとうとう叫んでしまった。「そんなの無理です！」

「君ならできる」。彼は自信満々にこう言うのだ。彼の信頼に、私はもう言葉がなかった。

「そうですか、あなたができると言うなら、最善を尽くしてみます」。こう伝えて、新しい本についての会話は終わった。

自分の中にまだ本が眠っていることはわかっていた。『黒人神学とブラック・パワー』はほんの序章に過ぎなかったのだ。しかし私にそれを文字にする能力と資質があるだろうか？いずれにせよ、私の内で炎はまだ燃えており、それに薪をくべてやる他、選択肢は残されていないようだ。結局、私はアメリカで唯一の黒人組織神学者として黒人のことを書いているのだから、その重荷を背負う義務がある。アメリカの至るところで爆発している黒人革命には、組織神学が必要だった。私がやらなければ、誰がやるというのだ？「仲間がストリートで死んでいっているときに、お前は彼らを失望させたいのか？」私は自問自答した。そんなことは不可能だ！黒人の自由を求める闘いにおける自分の役割を果たさなければ。負債を返済するときがまた来たのだ。言い訳は通用しない！「いまがそのときだ」と、マーティン・キングがよく言っていたではないか。

私は、批判の雨に晒されることを覚悟で、リンカーンの挑戦を受けることにした。もっとも批判の一部はすでに経験済みだった。博士課程時代の指導教授だったフィリップ・S・ワトソンに、私の本と論文「キリスト教とブラック・パワー」を送ったとき、彼は怒りの手紙を書いてよこした。そこには「君は、黒人が私や他の白人たちを殺すことを正当化したのだ」と綴られていた。返答しようのない馬鹿げた意見である。私は白人に対する暴力を推奨していたわけではない。白人による黒人への暴力に対する全力の否《いな》を宣言しただけだ。私が語ろうと試みた真理は、イエスが語り、その結果彼を十字架へと導くこととなった真理である。イエスの生と死に見出した真理を取り下げるわけにはいかない。神学のためなら、それについて議論する用意はできている。しかしその真理を妥協したり、それが「黒人至上主義」としてワトソンや他の白人神学者たちに曲解されるままにしておいたりすることは、私にはできなかった。

批判のただ中にあって平静を保つために、私はマルコムXのことを思った。彼は中学校までしか教育を受けていないが、アメリカのほぼすべての主要大学で論陣を張ったのだ。三度のハーバードでの講演をはじめ、プリンストン、イェール、バークレー、そしてオックスフォード、彼はこれらすべての大学で講演している。またジェイムズ・ボールドウィンは、高校で教育を終えた。それでも彼は、その雄弁でもってアメリカと人種についての真実を語り、世界の度肝を抜いたのである。マーティン・キングはボストン大学で組織神学の博士号を得ていたが、黒人の解放運動の先頭に立つ中で彼が直面することとなった霊的かつ政治的な試練に向けて彼を備えさせたのは、黒人教会での経験だった。マルコムXとマーティン・キング、そしてジェイムズ・ボールドウィン、この三人に、あれほどまでの霊的、美的、政治的な力をもって真実を語らせたものは、いったい何だったのだろうか？　それは彼らの知的な才能だけではなかったに違いない。賢い人間は無数にいるが、その多くは人種的な正義を求める闘いに参与しない。マーティンとマルコム、ジェイムズには、信念を貫く勇気があったのだ。私も彼らのような勇気を見つけなければ。

私の父、チャーリー・コーンはそんな勇気を持った人だった。リンチの恐怖にもかかわらず、彼はビアーデンの白人学校の理事たちと衝突し、ニグロと白人の学校は平等ではないという至極真っ当な意見を述べた。それから彼は理事を相手に訴訟を起こし、他のニグロたちが手を引き始めたあとも、彼だけはそれを撤回しようとしなかった。もし私に、白人神学に潜む人種主義を告発し続ける勇気があったのだとしたら、それは父から受け継いだものだ。母のルーシーは話芸の才能に恵まれており、父が言葉に詰まって困っているときは、彼女がよく助け船を出したものだ。彼らの背中を見て私は育った。私は両親を他の誰よりも尊敬する。小学校までしか出ていないチャーリー・コーンがあのように行動できたのだから、中学校で教育を終えたルーシーがあのように語れたのだから、彼らから生まれ出た私にも同じことが可能なはずだ。私が存在するのは彼らのおかげで、二人の血は私の中を流れている。魂の中で燃え盛るものを表現するために、チャーリーがくれた勇気とルーシーがくれた言葉が必要だったのである。

しかし、いかにしたら炎と明快さ、力と美しさのある文章を、誰もが読みたくなるような組織神学を書くことができるだろうか。私の両親は作家ではなかった。そのうえヨーロッパ式の組織神学は、一握りの大学教員と大学院生によって議論されるような、非常に退屈で閉ざされた題材となりうる。カール・バルトの『教会教義学』について私が書いた博士論文は、特に黒人の自由を求める闘いとの関係において、これ以上ないほどつまらないものだった。バルトの『教会教義学』のスタイルや、ポール・ティリッヒの『組織神学』の書き方では、私の内に燃えているものを表現することはできない。アメリカの歴史のもとに自らを据え、新しい神学的言語でもって、私は書かなければならない。黒人の説教と音楽の言葉が、アーカンソーやシカゴ、デトロイトで聞いた素晴らしい説教者や歌手の魂が、この新しい言葉となる。黒人が理解できないものではなく、彼らが自分の経験として読み、聞けるようなものが書きたかったのだ。説教できないものを書きたくはない。

組織神学を黒人に向けて書きたいと思う一方で、私は白人神学者とも、アメリカにおける人種の問題の真実について対話を深めたいと願っていた。彼らの神学における白人優越主義への批判の欠如は、暗に、その神学が人種差別を支えてしまっていることを示している。抽象的な神学、哲学談義でお茶を濁されるのは御免だ。白人神学者に対して、いまこそ彼ら自身の人種主義に向き合うときだと伝えたかったのだ。黒人の言葉と組織神学の言語を用いて白人に語りかけるという任務を、私は引き受けた。当時、それが可能だったアフリカ系アメリカ人は少なかったのである。

組織神学は専門的なやりがいのある学問であり、キリスト教の福音を解釈するための優れた手立てとなる。自らの生きる時代と場所における福音の意味を理解できない説教者に、説教などできるはずがないのだ。黒人教会は説教者を育ててきた一方で、神学者を育てる努力を怠ってきたため損をしてきた。福音を宣べ伝えるために、教会は説教者を必要とする。しかし福音の解釈のためには神学者が必要なのだ。よく訓練された解釈が不在では、説教者は先代から受け継いだ出来合いのメッセージをそっくりそのまま語ってしまうだろう。説教者は、神学について熟考することでつねに新たにされ、古代の福音書を『ニューヨークタイムズ』の一面であるかのように読むことができるようになるのだ。

福音を解釈するために神学者はさまざまな資料を使う。聖書や昔の神学者の文章、哲学、社会学、歴史、そして同時代の世界観。彼らがあまり認めたがらないのは、自身の経験や先入観も、その解釈の中に持ち込まれているということである。自らの先入観から自由な者はいないし、あるグループが権力を持てば持つほど、その視点は歪んでしまう。白人優越主義という先入観なしに、白人神学者が福音を解釈することはできるだろうか。彼らが支配的な文化や宗教から離れ、権力を持たない文化と宗教に参与しない限り、無論それは不可能である。イエスは言ったはずだ。「父よ、あなたをほめたたえます。これらのことを知恵ある者や賢い者には隠して、幼子のような者にお示しになりました」（マタイ一一・二五）。この言葉の神学的な深長さが理解できたとき、私の書く準備も整ったのである。

私が格闘していた根本的な問いは、イエスの福音と、黒人の苦しみという現実、そして公民権運動とブラック・パワー運動に代表される黒人の抵抗、この三つがいかに関係するのか、という問いだった。私は黒人神学を創り出したかった。マルコムのように黒く、マーティンのようにキリスト教的な神学を。ニグロの正義を求める闘い（マーティン）と、黒人の尊厳と自尊を求める文化的闘い（マルコム）という二つの政治的文脈において、キリスト教の福音とは何を意味するのか。これこそ『黒人神学とブラック・パワー』を執筆する際に、中心に据えた問いである。しかし次作では、解放と黒人性の意味についてより深い次元で掴もうと考えていた。

マルコムXは「キリスト教は白人どもの宗教だ」と言っていたが、マーティン・キングはキリスト教を中心として、教会と社会における彼の活動を行っていた。私は両者に影響を受けたが、はたしてどちらが正しかったのだろうかと考える。マーティンかマルコムか。公民権かブラック・パワーか。統合か分離か。マーティンのようにキリスト教にとどまることを選択したとしても、そのアイデンティティは、マルコムのように黒人であることに根ざしていなければならない。マルコムは言った。「我々は何よりもまず黒人であって、それ以外のことはすべて二義的なことである」。私はキリスト者であるが、それ以前に黒人であった。それゆえマーティンとマルコムはどちらも必要なのだ。恥じることなく黒人となり、微塵の自己弁護のそぶりもなしにキリスト者となるのだ。

ハーレムの街頭説教者だったジェイムズ・ボールドウィンはこう言っている。「私がここにいる権利を持っているかのようにこの地上を歩けるようになる前、自分について教えられたこと、そして半信半疑で信じていたこの汚物を吐き出すのに何年も要したのだ」[8]。ボールドウィンとは違って、私はいつでもここにいる権利があるように感じていたし、白人が私について話していたことを、一瞬たりとも信じたことはなかった。自分が誰かより劣っていると考えたことなど一度もない。母と父からの愛を知っていたし、マセドニアAME教会の人びとも同じくらい私を愛してくれた。こうして私は家や教会で、ナザレ人のイエス、エルサレムで十字架につけられたイエスにおいて啓示された神の愛に出会ったのだ。もっとも、家でも教会でも、人びとは黒人であることを自身の深いところで明白に肯定していたわけではなかった。私たちは誇りあるニグロだったが、ブラック・ナショナリズムやネーション・オブ・イスラム、マーカス・ガーヴェイ、また偉大なる黒人知識人のW・E・B・デュ・ボイスらについては何も知らなかったのである。反対に、白人のイエスが私たちの周りには溢れていた。絵画や教会の団扇、日曜学校の教材、ステンドグラス。「白くし給え」、マセドニアの会衆は、こう神に叫んだものだ。「雪よりも白くし給え」と。

　白人教会における人種主義と、黒人教会における自己嫌悪、この二つに対する批判として私は『黒人神学とブラック・パワー』を書いた。学術的な貢献をすることにはあまり興味がなく、それよりも、キリスト者を白人優越主義から解放するうえで、白人性に反旗を翻し、黒人性への支持を表明するマニフェストのつもりで、私はこの本を書いたのだ。

二作目となる『解放の神学――黒人神学の展開』（一九七〇〔一九七三、新教出版社〕）でも、白人神学と彼らの神学校へ向けてメッセージを発しようと試みた。だがそのとき思い知ったことは、大学院時代に教えられた神学に関する諸前提を捨て去ることがいかに難しいかということだ。白人の教師たちは、神学が何であるか、また重要な神学者は誰であるかを、私に教育した。彼らが読むべき本を決め、彼らが書くべきことを決定する。私の解釈が正しいかどうかの判断もまた、彼らに委ねられていた。ヨーロッパの神学者について十分な知識を持っているか、彼らに関する知的に成熟した論文を書き、単位を取得できるか、そして博士課程に入学できるか、すべて決定権は白人教師たちの手中にあったのだ。ヨーロッパの神学的伝統に則って良い論文が書ければ私は博士号を取得でき、教員職への推薦がもらえた。このようにして私は組織神学で博士号を取得し、リトル・ロックのフィランダー・スミス・カレッジで黒人学生にヨーロッパの神学を教えることになったのだ。もっともそんな神学が、ジム・クロウ下に生きる彼らの日常に関係がないことは明らかで、彼らはヨーロッパの神学にあまり興味を示さなかった。それから私はミシガンのエイドリアン・カレッジで白人学生相手に教え始めたが、彼らは黒人以上にブルトマンやバルト、ティリッヒに関心がないようだった。

白人神学の呪縛から抜け出すのは簡単なことではない。その葛藤が長くなればなるほど、何も書けなくなっていたに違いない。私の目を覚まさせたのは、マルコムが体現する黒人性の魂だった。それは私に方向転換を迫った。魂が揺さぶられ、霊的な想像力が爆発する。マルコムは自分のために、そして自分を育ててくれた人びとのために思考することを教えてくれたのだ。私はこの黒人性に身を沈め、それを相続物として引き継ぐことにした。黒人性によって私は、大学院で就いた教授たちには理解できない何者かへと作り変えられたのだ。『解放の神学』をあの奔放さをもって書けたのは、黒人性が私に洞察と力を与えてくれたからに他ならない。

もっとも、黒人の自由を求める運動のための黒人解放の神学を書くには、神学校時代に身につけた組織神学から、まず自分を解放せねばならなかった。ヨーロッパから来た白人神学者たちの方法論と思考の奴隷となっていながら、どうして黒人の解放について書くことができようか？「強固な魂はルールを超越する」[9]とは、唯一無二のミュージシャン、プリンスの言葉だ。彼の残した音楽は、獰猛で、自由な魂の表出だったのだろう。いかなる白人神学も、その新旧に関わりなく、黒人性に突き動かされる魂に干渉することはできない。黒人解放の神学は、「自由なものとして」生まれたのだ。黒人解放の神学は魂が内から押し出す言葉に声を乗せ、痛みや苦しみ、喜びや勝利と格闘する黒人の経験から来る要求を言い表す。黒人ミュージシャンが歌を歌い、楽器を奏で、体を揺り動かしているのを眺め、その音に耳を澄ましていると、私の体はムズムズしてくる。彼らが歌うように、楽器を奏でるように、あの黒い体を揺するように、組織神学を書けないだろうか。「我を失うぐらい」ファンキーな神学を書けないだろうか。私は彼らのリズム、ビート、サウンド、トーンに必死に身を委ね、彼らの音楽を言葉で表現しようとした。黒人の経験の中で起こっていることを理解するには、ヨーロッパの神学者たちはあまりに理性的で、抽象的すぎる。彼らはファンクのことなど何もわかっていないのだ。

『解放の神学』で試みたのは、マルコムXの即興的で戦闘的な「ほっといてくれ」とでもいうような態度で、黒人のファンクを捉えることだった。だから私は、白人の神学者が黒人解放の神学をどう考えていようと気にしなかった。彼らの書物の中で私たちは空気のようなもので、一言の言及にすら値しない存在だったのだ。それならばなぜ私が彼らに気を遣う必要があるのか。私は意図的に、彼らの組織神学のやり方を混乱させようとした。彼らが作り出し、歴史を通して繰り返し使われてきた規範と典拠、そして同時に黒人を思うままに隷属させ隔離してきた規範と典拠を使って。まるでブルースやジャズのミュージシャンが即興的に、変則的に、彼らのやりたい音楽を奏でるように、白人神学者が築いた神学の規則をふてぶてしく破って、白人を怒らせるのが私の快感だった。これは黒人解放の神学がマルコムXから学んだ、自由の身になる、ということである。ビアーデンの黒人の言葉を借りれば、「馬鹿になる」「我を忘れる」「ムズムズしてくる」とでも言えるだろうか。

ボールドウィンのように書けなくても、マーティンやマルコムのように話せなくても、私は私らしく黒人解放の神学が書ける。願わくばこの本によって、金持ちの白人教会で礼拝される、白人神学でカモフラージュされた白人優越主義の宗教を、黒人が拒否するようになってくれれば。そのために私は、黒人の美的文化、つまり黒人詩人や劇作家たちの「ダイナマイトのような声」に見出される卓越した芸術性に目を向けた。彼らは次のような「革命的問い」を投げかけるのだ。

撃たなければならないのか
白人を死ぬまで
その頭の中のニガーを
自由にするために[10]

黒人解放の神学は黒人文化と宗教の中から生まれ出た。そしてそれは神とイエスについて、ジャズのムードで、ブルースのスタイルで、スピリチュアルのサウンドで語ることのできる新しい自由を褒め称えていた。その場にこそ、モジョ[i]が、その魔法が存在するのである。白人神学者を感激させるような新しい神学思想を構築するよりも、この黒人の魔法に対して真摯でいることの方が、私にとってはよほど大切なことだった。白人が涙するような思想を考えついたとしても、大抵の黒人はそれを読んで居眠りするだけだろう。私は黒人を揺さぶり起こし、白人イエスの時代の終焉を告げ知らせたかったのだ。新しい黒いメシアが街にいるのである。

『崩れゆく絆』（一九五八［一九七七、門土社］）を書いた偉大なアフリカ人作家であるチヌア・アチェべはこう言っている。「芸術は抑圧者の味方につくことはできない」。そして「詩人は奴隷商人にはなれない」[11]とも。私は芸術についてはよくわからないが、キリスト教の神学者は抑圧者の味方につくことも、奴隷商人になることも、奴隷所有者になることもできないということは深く理解しているつもりだ。キリスト教神学は全人類の解放のためにあるのであって、抑圧に対する抵抗の中にあって中立を保つことは許されない。それだけは私も心得ていた。こうして、マーティンとマルコムとボールドウィン、そして一九六〇年代の詩人たちの魂と共に、『解放の神学』が誕生したのだ。

自分が行っていることを、黒人の宗教学者とは話さなかった。私は彼らを知らなかったのだ。もちろんC・エリック・リンカーンは例外だが、彼は社会学者で、何のアドバイスもくれなかった。チャールズ・ロングのことも知っていたが、彼は宗教史が専門で、私の仕事には興味を持っていないようだった。私は一人だったのだ。しかしそのとき気づき、そしていまでもそう信じているのは、何か書いているときに私に誰よりも大きな影響を与えるのは霊だということだ。私の内に自分を超える大きな力が働き、それに耐えかねた私は書かずにはおれなくなる。

黒人の霊は、自由を求めて私に叫ぶ。そんな霊の叫びの前では、黒人解放の神学の妥当性を証明するいかなる論理的議論も霞んでしまうだろう。エイドリアン・カレッジで週一二時間教える傍ら、私は『解放の神学』の大部分を書き上げた。日中のほとんどは授業と学生との面談で費やし、家に帰ると地下の「青い部屋」へ直行した。ブルースやスピリチュアル、そしてときにジャズを静かに流しながら、私は自分の奥深くへと沈んでいき、そこにある黒人性の魂に手を伸ばすのだ。それは実に心地よい体験で、言葉は自然と流れ出てきた。私は一人、音楽とジャムに身を任せ、言葉と戯れながら、ジャズミュージシャンがそのピアノで、サックスで、ドラムで音楽を奏でるように、真っ白な紙の上で自由に自分を表現していたのだった。言葉は紙の上で踊り、私に語りかけてくる。その声が聞こえてくるようだった。こんな言葉を自分は書けたのか。その言葉はどこから来たのだろう。私はしばしば戸惑った。言葉は私を飛び越え、自由に舞っている。最初の一行に私は目を奪われた。「キリスト教神学とは解放の神学である」[12]。それまで誰もそんなことを書いた人はいなかった。この一文は私の神学の核となったのである。これは真理であるように感じられ、私は自分が正しいことを確信したのだ。

もっとも、ある宗教的主張が真理のように感じるからといって、それが絶対的な真理であるという保証はどこにもない。キリスト教神学は解放によって定義づけられるという主張を、いかなる根拠でもって証明したらよいだろうか。キリスト教神学の意味を定義するうえで中心的な典拠となったのは、黒人経験と聖書であった。この二つは不可欠なものだが、その始点となるのは黒人経験である。黒人経験と聖書を精査すると、解放こそがキリスト教神学の肝であるということは、直ちに明白となる。なぜなら、出エジプトと預言者、そしてナザレのイエスこそ、黒人経験と聖書にとって決定的なものなのだから。

イスラエル人がエジプトの地にいたとき
When Israel was in Egypt's land,
私の民を解放せよ
Let my people go;
もはや立ち上がれないほどに抑圧され
Oppressed so hard they could not stand,
私の民を解放せよ
Let my people go;
モーセよ、行け、エジプトの地まで
Go down, Moses, 'way down in Egypt's land;
ファラオへ告げよ
Tell ole Pharaoh
私の民を解放せよ ii

わたしは、エジプトにいるわたしの民の苦しみをつぶさに見、追い使う者のゆえに叫ぶ彼らの叫び声を聞き、その痛みを知った。それゆえわたしは降って行き、エジプト人の手から彼らを救い出し……（出エジプト記三・七―八）

出エジプトとはまさに解放の出来事であった。エジプトの地にあるイスラエルの奴隷たちの救出とアメリカの地にあるアフリカの奴隷たちの救出。貧しき者への正義を訴える預言者も、黒人経験と聖書において中心的な位置を占めている。アモスのこの言葉以上に黒人の宗教体験の中で引かれている聖書箇所はないだろう。「正義を洪水のように　恵みの業を大河のように　尽きることなく流れさせよ」（アモス五・二四）。

そして何よりも重要なのがナザレのイエスである。彼こそ、神が貧しき者の解放に参与していることを決定的にしている。真の解放者、イエス。彼の人生は、すべての人びと、特に貧しき者への神の正義の到来を意味していた。「貧しい人々は、幸いである。神の国はあなたがたのものである」（ルカ六・二〇）。イエスは貧しき人びとのただ中で生きた。そして彼らと同じように、十字架の上で死んだのである。

出エジプトと預言者、そしてイエス、この三つが黒人神学における解放の意味を決定する。

私はこの基本から一度も離れたことはない。この悟りは、まるで啓示のようにして私の前に現れた。長い間死んでいた祖先の霊が、彼らを殺した白人の子孫たちを苦しめ、悩ませるためにいま蘇ったのだ。『解放の神学』を書いていたときの気持ちは、誰にもわからないだろう。これまでただ一人の黒人も試みてこなかったことをしていたのだから。誰も通ったことのない道、つまり、黒人のために、黒人経験の内側から神学を書くということ。私はこの本が出版されると確信していた。エリック・リンカーンがそう保証してくれたからだ。「君の心を吐き出しなさい」と彼は言った。「君が書きたいことを書きなさい。あとは私に任せておけばいいから」。私は何の躊躇もなく、その言葉に従った。

私は神学校時代に学んだすべてのことを利用した。バルトやブルンナー、ニーバーやティリッヒ、ボンヘッファー、ブルトマンら、神学の重鎮たちのほとんどを。しかしそれは彼らの真理ではなく私の真理を主張するためであり、そのためにあらゆる方法で彼らを捻り、その言葉を裏返した。私は書くことを愛していた。書くことで私は神学的に解放されたのだ。踊ったり歌ったりはできないが、それでも自分の言葉で踊っているような気持ちになり、力強い音色で歌っているように感じた。そのリズムは唯一無二で、他のどの神学とも違う。解放の意味は、私が書く方法として選んだ黒人のスタイルにこそあったのだ。私は感じるままに筆を進めた。執筆中は他の本を貪り読んだが、この本はその根本において図書館での資料研究から生まれた神学書ではない。これは私の黒人共同体での経験、その宗教、文化、そして政治の中から生まれた。白人優越主義のもとで日々の生活を送りながら、自らの自由を表現せねばならなかった黒人たち。そんな彼らの経験からこの本は生まれたのだ。黒人解放の神学とは、白人支配に対する黒人の宗教的抵抗の証しである。もはや白人の神学者によって私の思考が左右されることはない。白人を完膚なきまでに打ち負かすためには、黒人解放の神学を書くことが必要だったのだ。

　そもそもこの解放という言葉とその意味はどこに由来するのだろうか。この本は当初「革命の黒人神学」という仮題がつけられていた。「黒人革命」は、一九六〇年代の黒人解放運動でもっともよく使われていたフレーズだった。しかし、執筆途中で私は、その言葉を差し替えることにした。出エジプトと預言者、そしてイエスについて思い巡らせていると、革命ではなく解放という言葉こそ、私の表現したいことを表しているように思えたのだ。出エジプトとは、奴隷状態にあった人びとの救出、つまり解放であった。そして解放こそ、黒人たちがアメリカにあって闘い求めていたものだったのだ。

「何が欲しい？」公民権運動の指導者は、聴衆にたびたび問いかけた。「自由だ！」聴衆は決まってこう応答する。公民権運動の中では、自由と解放がほとんど同じ意味として使われていた。一方、ブラック・パワー世代の若い人びとは、自由より解放という言葉を好んだ。ストークリー・カーマイケルが書いた『ブラック・パワー』の副題は「解放の政治学」であったし、「黒人解放に向けて」という演題で彼は何度か講演していた。[13] 若いブラック・パワーの支持者たちは、自由というおとなしい言葉にうんざりしており、ブラック・パワーという言葉のエネルギーや爆発力に魅力を感じていたのだ。もっとも、黒人の歴史、宗教、そして文化を通して、この二つの言葉は等しく使われてきた。歌や説教、物語や格言の中に私たちは、自由と解放、この二つを共に見出す。

自由と解放は、特に黒人解放の神学において、政治的かつ宗教的意味を伴って使われてきた。政治的な意味において解放とは、奴隷制や分離制度の鎖、そしてあらゆる社会的、政治的、経済的な抑圧からの救出を意味していた。だがこの自由と解放という言葉には、いかなる抑圧者も奪い取ることのできない、さらなる深い意味が込められている。自由になるとは、白人が何をしようとも、黒人自らの尊厳や、黒人となる権利、自由となる権利を奪い得ないことを意味している。さらに、この言葉には超越的な次元がある。つまり奴隷たちが天国のことを歌うとき、それは宗教的想像力から生まれた、奴隷主の支配のおよばない超越的な自由を思っていたのだ。子どものころ、この種の自由にマセドニアAME教会で出会ったことを覚えている。黒人は自由を説教し、歌い、それを求めて祈り、それを証ししていた。それと同じ自由が、マーティン・ルーサー・キングとストークリー・カーマイケル、つまり公民権運動とブラック・パワー運動の中でも生きていたのだ。これこそ『解放の神学』において私が捉えようとしていた解放の意味である。

『解放の神学』の出版が決定してからは、いくつもの出来事が立て続けに起こった。まず本の契約があり、それからゲラ刷りが一九六八年一一月に届いた。自分が書いたこと、それを書いた理由を思うと、涙を堪えられなかった。自分の経験を本当の意味において共有できる人は、一人もいなかったのだ。草稿を清書してくれた妻のローズや文章の手直しを担当してくれたレスター・シェーラーと話すことはできたが、二人とも、私が感じていること、私の内で起こっていることを理解していないようだった。私は孤独の中にいた。その孤独は、その後の神学者としての人生においても、ほとんどなくなることはなかった。

一九六八年一二月、ユニオンの学長であったジョン・C・ベネットから私は電話を受けた。組織神学教員としての採用面接への招きで、まもなく出版される『解放の神学』について教授陣と議論を持つとのことだった。ユニオンの教授陣はすでに同書のゲラ刷り原稿を読んでいた。衝撃と動揺、喜びと恐怖、さまざまな感情が入り混じる中、私はベネットの話を聞いていた。ユニオンはアメリカでも一流の神学校である。そんな厳しい環境の中で、自分の思想を試す機会が与えられたことに興奮する一方、そこで向き合うことになる知の巨人たちを思うと不安が押し寄せてきた。学長のベネット、ジョン・マッカリー、ダニエル・デイ・ウィリアムス、ポール・レーマン、そしてロジャー・シン。一九六九年一月の面接の前日、私は眠れぬ夜を過ごした。

翌日私は、学長室で彼らに囲まれていた。部屋を見回すと、そこにはかつて神学校時代に読み、フィランダー・スミスやエイドリアンで教えていた本の著者たちが並んでいる。ヨーロッパやアメリカの神学についての知識で彼らに敵うはずのないことは、重々承知していた。しかし私の本の土台となった黒人の経験を、私は彼らよりはるかに詳しく知っている。彼らはヨーロッパの専門家で、私はアメリカの黒人の専門家なのだ。何より重要なことは、今日におけるイエスの福音の意味について毅然と議論できるかどうかである。その用意ならすでにできていた。

当時広く読まれていた『キリスト教信仰と倫理』(一九六三〔一九九二、ヨルダン社〕)を書いたポール・レーマンが、議論の口火を切った。「そもそもどうして君は『黒人神学とブラック・パワー』を書こうと思ったのだね」。彼のあけすけな質問は嫌いではなかった。

「そうしなければならなかったからです」と私は言い返した。「神学者として私には、アメリカにおけるイエスの福音の真理を述べる以外の選択肢はありませんでした。今日におけるイエスの福音とはブラック・パワーです。それは、白人優越主義からの黒人の解放を宣言しています。マルコムXの言葉を借りれば『必要なあらゆる手段を使って』の解放です」。話しているうちに私の口調は熱を帯び始めた。「アメリカの白人神学者たちは、神によって黒人が白人優越主義から解放されるという福音を無視してきました。白人の神学者たちは、最新のヨーロッパの神学を追いかけるばかりで、黒人の体がリンチの木からぶら下がっていることには、興味がないようですね」(そこに同席していたエリック・リンカーンは、私の話を聞きながら笑みを浮かべていた)。

話せば話すほど体の力《りき》みが抜けていき、自分の神学的立場を堂々と述べることができるようになった。レーマンや彼の同僚たちは、私の論弁、その勢いに面食らっていたようだが、私が主張した真実を否定することはできなかった。奴隷制や分離制度、そしてリンチについての白人神学の沈黙は、逆に自らの潜在的な異端性を声高に主張していることを意味するのだ。

「いかなるメッセージであれ、社会における貧しき者の解放と関係がないなら、それはキリストのメッセージではありません」。私はそう言い切った。「いかなる神学であれ、神による貧しき者の解放というテーマに無関心であるなら、それはキリスト教神学ではないのです」。これが私の立場であって、それを譲る気は微塵もなかった。「アメリカの神学は黒人を、そして貧しき者たちを無視してきました。そんなものはキリスト教神学ではありません」と、私は締めくくった。「言いたいことは以上です！」

ベネットの部屋にいた一五人のユニオンの教授陣は、私の白人神学への攻撃を前に、押し黙っていた。彼らも解放のテーマが聖書の中心であることは同意していた。しかし、彼らの言い分は、解放だけが聖書の唯一のテーマではないし、黒人だけが苦しんでいるわけでもないということらしい。二点目については私も同意するが、一点目については少し議論が必要だろう。

いずれにせよ、ユニオンでの対話によって、私は自分の知性に対する自信をいっそう深め、また「偉大な」白人神学者という神話からも完全に自由になることができた。彼らもまた普通の人間であって、そのほとんどは私と比べて特段賢いというわけでもないのだ。それどころか、私は彼らの歴史も神学も知っていたが彼らは私のそれを何も知らないという点において、私は彼らよりも有利な立場にいたのである。彼らの神学的主張の中に、イデオロギーの痕跡を見つけるのはたやすいことだった。彼らが思っている以上に、彼らの神学はイデオロギーでまみれているのだ。私はユニオンの教授陣を不愉快な気持ちにさせたかもしれないが、面接そのものはうまくいったようだった。一月の面接からしばらくして、私は組織神学の准教授として任命を受けた。

一九六九年三月に『黒人神学とブラック・パワー』は出版された。それは『ニューヨークタイムズ』のベストセラーリストにこそ載らなかったが、ニュース媒体や神学ジャーナル、教会雑誌などで幅広く論評された。赤い表紙は、奴隷制度の時代から公民権運動、ブラック・パワーへと続く中で、アメリカにおいて流された黒人の血を象徴していた。黒人の神学生や教授、政治活動家、説教者、誰もがその本を話題にし、彼らはそれを「小さな赤い本」と呼んだ。

ユニオンの他にも、コルゲートやサンフランシスコ神学校、カリフォルニア大学サンタバーバラ校などから、オファーを受けていた。黒人学生からの黒人教授と黒人教会学コースに対する要求の高まりを受け、アメリカ全土の神学校や神学部が、焦りを感じていたのだろう。もっとも、アメリカにおける黒人社会の文化的中心であったハーレムに位置する神学校は、ユニオンだけであった。黒人神学者にとってはハーレムこそ、教える場として、また書く場として、もっとも相応しくやりがいのある場所だったのだ。もちろんニーバーやティリッヒがかつて教壇に立った場所で教えたいという気持ちもあった。ユニオンのカリキュラムの中に黒人神学を加えることができたなら、黒人神学は世界中で真剣に議論されることになるはずだ。こうして私は、テニュア〔終身在職権〕もなく、給料も他の神学校が提示した額の半分しかなかったユニオンで教えることに決めたのだ。それからほぼ半世紀の間、私がユニオンに留まったのも、同じ理由からである。

ユニオン神学校はそのリベラルな学風と、一匹狼で自立した思考を持つ知識人を支援することで知られていた。一九世紀の終わりにユニオンは、チャールズ・A・ブリックス（後に私は彼の席を引き継ぐことになる）を支持したことで、長老派教会から分離した。彼は聖書の無謬性を認めなかったために、異端とされていた。またユニオンは、プロテスタント・リベラリズムに対するニーバーの糾弾を支持し、彼の社会党からの出馬を支援した。さらに、ディートリッヒ・ボンヘッファーはドイツに戻る前はユニオンに籍を置いていたし、ティリッヒがナチスの時代にフランクフルト大学を解雇されたときは、ユニオンが彼の受け皿となったのだ。このようなユニオンの伝統を、私は新しい方向へと推し進めようとしていた。

ユニオンでの面接には、学生部長のローレンス・N・ジョーンズも同席していた。彼はラインホルド・ニーバーの弟であるリチャード・ニーバーの指導のもと、イェール神学校で博士号を取得したニグロだった。ティリッヒやニーバーが歩いた講堂を歩き、彼らが教えた教室で教えられることを光栄に思うべきだ、そう彼は言った。しかし私はそれをありがたくは感じなかった。

ニーバーは、リンチや分離政策の時代を生きたにもかかわらず、それに対して何の道徳的な憤りも表明することはなかった。アメリカやアフリカにおける黒人の身に降りかかったことは、彼の倫理的な価値体系の中では大して重要ではなかったらしい。また私がユニオンに赴任した直後、ゲストスピーカーとして招かれていたハーバード神学校の教授ジェイムズ・ルーサー・アダムズからティリッヒについて聞いたことがある。彼は当時、ティリッヒ研究の第一人者として知られていた。[14]「なぜティリッヒは、彼がドイツにおけるナチズムに対したように、アメリカの人種主義に反対しなかったのでしょうか」。私がこう訊ねると、アダムズは自分も同様の質問をティリッヒにしたことがある、と言った。「アメリカ人の読者は、私を拒絶するだろう」、これがティリッヒの答えだったという。もちろんアメリカ人の読者とは、白人を意味する。彼は自らの神学を黒人が置かれた状況に向けて語ることに、興味を持っていなかったのだ。

白人優越主義に目を閉ざしてきた神学者が教壇に立った学校で教えることを、黒人奴隷の子孫の私が栄誉に思うことができようか。もちろんティリッヒやニーバーが優れた神学者であったことは認めよう。しかしボールドウィンの言葉を少し言い換えるなら、優れた神学者は多く、しかしそのほとんどは無意味で、そのいくらかは悪魔なのである。[15]

Ｃ・エリック・リンカーンは、私の最初の論文である「キリスト教とブラック・パワー」と『黒人神学とブラック・パワー』を読んだときから、私のことを世界に向けて発信し続けてくれていた。この若い黒人神学者は黒人神学を前進させており、それはアメリカ人の福音とブラック・パワーに対する考え方を変えうるかもしれない。そうリンカーンが言い広めてくれたおかげで、多くの人が黒人神学の必要性について語り始めたが、黒人神学そのものを実際に書いている者はいなかった。ハワード大学における宗教研究所のシンポジウムで、Ｊ・ディオティス・ロバートはこう述べている。[16]

> これまでこの国の歴史におけるニグロの神学への貢献は限られたものだった……これまで神学とキリスト教史についての深い理解に基づいた神学体系が、ニグロから生み出されることはなかった。ニグロの中からニーバーは……生まれなかったのだ。アメリカ生まれの神学者は少ないが、三〇〇年のアメリカ史は、一流の黒人神学者をただの一度も目撃しなかった。

この空白を埋めよう、私はそう決意した。

さて、全米黒人教会協議会（NCBC）からの招聘は、喜ばしいものだった。彼らの組織に参加し、アトランタ州ジョージアにある黒人神学校の超教派神学センター（ITC）で「黒人神学」についての声明（一九六九年六月）を共同で書いてほしい、という招きだった。私は「黒人神学とは何か？」というセクションを担当し、それを「黒人解放の神学である」と定義した。その後、私は他のいくつかの組織からも招聘を受けることとなった。

『タイム』誌のレポーターが、「黒人神学という考えは流行に乗ったものですか？」と少し大げさに訊ねたとき、私は熱を込めてこう答えた。「絶対に違います！　黒人とは一時的な流行ではありません。私たちはどこにも行きませんし、誰も私たちに代わって話すことはできません。白人神学者であってもです。黒人神学とは、黒人が自らの言葉で神について、またアメリカにおいて尊厳を求め闘うことの意味について語ることに他ならないのです」。

被抑圧者が彼ら自身の神学を行う権利を求めるとき、その要求はいつも抑圧者によって拒否されてきた。黒人たちが黒人であることを愛し、白人性を否定する勇気が与えられるような言葉で神について語ろう、そう私は決意した。神学とは何であるかを決める権利を求めて、白人神学者と議論するつもりはなかった。なぜ彼らに逐一伺いを立てないといけないのか？　彼らはあらゆる手段を使って、私たち黒人をリンチし、分離し、屈辱を与えてきたのだ。彼らが黒人に対して行った悪魔のような仕業を見たあとで、なぜ彼らが神や神学について語る言葉をおとなしく聞かなければならないのか？　カトリックの司祭になるために学んでいた若い黒人にマルコムが伝えた言葉を少し言い換えるなら、「お前はそのクソッタレな考えから脱出しないと[17]」とでも言うのだろうか。

そうこうしているうちに、エリック・リンカーンが次なる課題と機会を提案してきた。この夏に黒人史の客員として、彼の代わりにカリフォルニア州ストックトンのパシフィック大学で、大学院の授業を受け持ってくれないかと言う。私は、彼の叢書のために二冊目の本を執筆中であること、ニューヨークへ引っ越し、ユニオンで教えるために準備していること、大学院レベルの環境で教えられるほど黒人史についての知識を持ち合わせているわけではないことなどを伝えた。彼の返答は以前と変わらず簡潔で、「君ならできる」とたった一言だった。私のために数多くの扉を開けてくれたリンカーンに対して、どうしたら「ノー」と言えようか。

こうして私はストックトンへ向かった。一日に八時間、私は学生の先回りをしつつ、黒人史について読み、書き、講義をした。そして他の八時間を本の執筆に費やした。寝る時間は当然少なくなった。もっとも、黒人史を教えることは本を書くうえで有益だったし、同様に、執筆が講義を助けることもあった。パシフィック大学の修士課程で学ぶ白人や黒人の学生に黒人史を教えることは、ブレア・ラビット[iii]の「茨の茂み[18]」にいるような気持ちで、まるでずっと前からそこにいたような自然な感覚だった。また黒人史を教えることで、黒人解放の神学にとって歴史が重要である理由についてさらに深く理解することができた。こうしてリンカーンからの依頼は再び、予想以上の対価を私にもたらしたのであった。

ストックトンの黒人共同体では、故郷を離れて初めてアーカンソー州ビアーデンの家に帰っているような気持ちを味わうことができた。彼らは私たち夫婦をもてなしてくれ、カラードグリーン〔葉野菜〕とスイートポテト、コーンブレッドとチタリングス〔豚の小腸の煮物〕などをふるまってくれた。それは故郷の母の味を思い起こさせるのに十分で、私たちは黒人性や白人性について和やかに談笑した。地に足のついた執筆や講義ができたのは、この共同体のおかげだろう。

黒人神学を特集した『タイム』誌の記事が、七月に発刊された。自分の顔写真が掲載されているのを見つけたときは、さすがに腰を抜かしそうになった。黒人神学が一般の読者に届くとは予想だにしていなかったのだ。黒人神学、そして私への注目は、想像以上に高まっているようだった。オークランドでは、『黒人神学とブラック・パワー』を読んだというブラックパンサーの党員に会ったこともある。彼らは子どもたちのために実にクリエイティブな朝食プログラムを運営しており、私たちは宗教と黒人の自由闘争について議論した。彼らが自らの働きについてそう説明していたわけではないが、私は、神が彼らを用いてアメリカを揺さぶり起こそうとしているのだと信じていた。

夏季コースを終えた私はカリフォルニアを去り、七月二一日にニューヨークに着いた。しかしそこで待っていたのは最悪の知らせだった。ユニオンのマギファートホールの受付で、父の死を告げられたのだ。それは前夜のことで、私はすぐに父の葬儀に参列するため、アーカンソーのビアーデンへと発《た》った。

あの夏の個人的、政治的、そして学術的な重圧を、私はどう乗り越えたのだろうか。私は『解放の神学』を書き終え、その草稿をエリック・リンカーンに提出した。あれは母と亡くなった父の記憶に捧げた作品だ。父は私の模範であった。父はどこへ行くにも、私の本を持ち歩いていたという。最初の本の出版を父に見届けてもらえたことが、私の何よりの喜びである。『解放の神学』は、父の生きた政治的な闘志と、母の宗教的な感受性を体現しているように感じていた。母はマルコムXというよりはマーティン・ルーサー・キング・ジュニアに近く、キリスト者として非暴力と愛の精神でいつも和解の道を求めていた。父はどちらかと言うとマルコムXのようで、戦闘的で真理を語ることを恐れず、またその真理を妥協することを決して許さなかった。この二人の血が流れる私には、そのどちらかを選ぶことなどできなかったのだ。

諸方面からの批判はあったものの、黒人神学は徐々に真剣に議論されるようになっていた。私のユニオンへの就任、『解放の神学』の出版、またアメリカ全土での公開講義などの影響だろう。キリスト教倫理学会の会合に講演者として呼ばれたとき、その応答者としてデューク大学神学部のワルド・ビーチ教授がいた。彼はよく知られた年輩の学者だったが、その応答の中で彼は、黒人神学があたかも原始的で野蛮なものであるかのように発言した。私の神学思想の根本であった解放や、黒人の尊厳、白人優越主義などのテーマに触れることすらせずに、彼は一方的に黒人神学を「部族神学」と呼んだのだ。私はこう反論した。「白人神学こそ本当の部族神学ではないでしょうか。白人神学は自分のことしか語りません。そしてそれは私の知っている中でもっとも野蛮な神学思想です。神と国の名において奴隷制と植民地主義を正当化しているのですから」。

ほとんどの白人神学者は、黒人に真の理解と尊敬を示すような形で神学や人種について語ることはできない。そう悟るまでに時間はかからなかった。彼らが興味を持っていたのは、私がヨーロッパの神学について知識を持ち合わせているかどうか、その土俵で彼らの議論に参加できるか、それだけなのだ。

もっともその中にも数人の例外はいる。デュークでビーチの同僚だったフレッド・ヘルツォグと、ユニオンで共に働いたポール・レーマンだ。ヘルツォグは白人の同僚たちから疎外されることを覚悟で、黒人神学への支持を表明してくれた。また、レーマン以上に白人神学者として黒人神学に真剣に取り組んだ人物はいないだろう。[19]もちろん彼は私の意見すべてに同意したわけではなかったが、私の言葉をよく聞いてくれ、対話を通して変わっていった。彼との議論は、ギャレット時代の指導教授、ウィリアム・E・ホールデンとのそれを思い起こさせた。

レーマン、ヘルツォグ、そしてホールデン、彼ら三人は皆バルト主義者であった。そして批判者の多くも、私のことをそう呼んだ。おそらく私たちはバルト神学への敬意という点で共通しており、それがこのような開かれた関係性を育んだのだろう。他のバルト主義者と同じように、私もキリスト論を深く志向していた。しかし彼らとは違い、私がイエス・キリストへ焦点を当てた理由は、聖書への知的な取り組みや、ヨーロッパの宗教革命への興味、もしくは二〇世紀の新正統主義神学への関心などが理由ではなかった。黒人神学の魂はヨーロッパに由来しない。それはアフリカから、アメリカの奴隷制と競売台から、黒人霊歌とブルースから生まれ出たのだ。黒人神学のキリスト中心主義は、黒いキリストによって定義される。黒人が奴隷制を生き延びられたのは、ジム・クロウを乗り越えられたのは、そしてリンチの木を打ち倒すことができたのは、この黒いキリストがいたからなのである。黒いキリストとは、黒人奴隷のことであり、「南部の風に揺られる黒い体[iv]」のことだ。バルトは、黒人経験の中で告白されるキリストを知らなかった。バルトの主張する神の啓示と人間との間の「無限の質的差異」は、被抑圧者たちの文化と歴史には適用されないのだ。なぜなら神はナザレのイエスにおいて、「奴隷の姿」を取り、アメリカにおける搾取された黒人奴隷となったのだから。イエス・キリストは「へりくだって、死に至るまで、それも十字架の死に至るまで従順でした」(フィリピ二・五―八)。もちろんアメリカにおいてその十字架は、リンチの木を意味する。キリストにおける神は、神的啓示と黒人経験との間に差異など設けず、それどころかその経験を神ご自身の現実とされた。この洞察は、白人にとってなかなか理解しがたいものらしい。もっともローマ人も、神がユダヤ人の田舎者として、十字架につけられた反逆者として現れたことが理解できなかったのだ。レーマンの「キリスト教神学」の考え方は「黒人神学」とはいくぶんかけ離れていたが、少なくとも彼はこの申し立てと格闘した。

ユニオンでの一年目は、刺激的でよく記憶に残っている。黒人解放の神学を教え、全米を講義して飛び回りつつ、新しい学生や同僚と知り合っていく日々。多くの年輩の教員たちは、黒人のことを真剣に考えようとせず、私のことを相手にもしなかった。黒人神学は関心の隅におかれたままで、彼らにとってもっとも重要な神学的、聖書的な知的課題は、彼らの学んだヨーロッパで定義されたものだったのだ。しかし私は挫けなかった。なぜ私が彼らの傲慢に頭を下げないといけないのか。イエスはローマ帝国の片隅で、神の国の到来を説いていたではないか。私は白人文化の片隅から黒人解放の福音を宣言できることに、誇りを感じていた。ユニオンの建物を堂々と闊歩しよう。私にはそこにいる権利がある。誰も私に口出しはできない。アフリカのダシキを着て、巨大なアフロをこれみよがしに誇示し、いつも怒っているかのような私を、年輩の教授たちは持て余していた。

オリエンテーション期間に開かれた最初の学生総会は忘れられないものとなった。五人の教員がパネルとなって「聖書の中心にあるメッセージは何か」という問いに応答したのだ。三人目に発言することとなった私は、「聖書の中心的なメッセージとは、貧しき者が抑圧から解放されることとです」と述べた。「そのテーマは古代イスラエル人の出エジプトの中に、預言者の正義のメッセージの中に、そして何よりも馬小屋で生まれたイエスの解放と貧しき者との連帯というメッセージ、彼の死と復活の中に啓示されています。貧しき者の束縛からの解放こそ、聖書の中心にあるメッセージなのです」。

私はそこでいったん話すのをやめ、学生や教員が皆私の発言を理解しているかどうかを確かめた。教父研究を専門としていた司会者は、年輩の聖書学者に応答を求めた。彼はそれが正論であることを知っていたので、こう言葉を絞り出すしかなかった。「解放とは、たしかに聖書のテーマの一つですが、唯一のものではありません。聖書は他にもさまざまなことを語っています」。

私は彼を遮って、こう主張した。「聖書のメッセージが多様であることは認めましょう。それでも、解放が中心的なテーマであることは否定できないはずです。そうではないですか？」

「おそらくそうでしょう」と彼は答えた。

白人の巧みな屁理屈にはいつも驚かされる。彼らは単純な事柄を複雑にすることにかけては天才的なのだ。出エジプトやイエスの物語、預言者の貧しき者への正義を叫ぶ声以上に聖書の中心となるメッセージがあろうか。その間も老教授は、専門的な聖書学の成果について、また最近の考古学上の発見について、滔々と話し続けていた。

「つまりあなたは、普通のクリスチャンが聖書のメッセージを知るためには、まず聖書学者に相談しないといけない、そう主張しているのですか?」と私は訊ねた。

「いやいや、そういうわけではありません」と彼は答えた。

もっとも学生は、私の意図を理解したようで、私の授業に参加するようになった。

ユニオンでの一年目の春学期、ギャレットからハリス・フランクリン・ラール・レクチャーでの講演依頼を受けた。これは非常に栄誉ある招きで、ギャレットで学んでいたころには想像もできなかったことだ。その招聘は、アフリカ系アメリカ人の学生や卒業生らの後押しによって実現したも同然だった。黒人の不満の高まりを受け、白人の教員たちは譲歩する以外なかったのだ。「黒人神学とアフロ・アメリカ革命」そして「黒人神学と黒いキリスト」、これら二つの講演が予定されていた。私はギャレットで黒人として初めてとなる博士号を得たが、同時に、院生の中で唯一私だけが奨学金を得ることを許されなかった。そんな大学へ戻ることが決まったとき、さまざまな感情が私の中を交錯していた。

それでも教授や学生、卒業生などのギャレット神学校の関係者が見つめる中で、演壇に立つことは格別で価値のある経験だった。私の指導教授であったフィリップ・S・ワトソンが私を紹介した。彼が何を言ったかは覚えていない。私はチャペルの説教台に立ち、会衆を見回した。どうしてこのような栄誉ある講義を私が行うことになったのだろうか、と思いながら。ギャレットの博士課程に合格できたことすら奇跡に近かったのに。そんなことを考えながらも私は気を取り直し、秋に出版予定の『解放の神学』からゆっくりと言葉を引いていった。最初の講演は、次の引用から始めた。

> キリスト教とは本質的に解放の宗教である。神学の役割とは、抑圧された共同体にとっての解放の意味を分析することにある。そのようにして彼らは、政治的、社会的、そして経済的な正義を求める彼らの闘いが、イエス・キリストの福音と一致していることを知るのだ。どのようなメッセージであれ、それが貧しき者の解放と無関係であるなら、それはキリストのメッセージではない。どのような神学であれ、それが解放というテーマに無関心であるなら、それはキリスト教神学ではない。（人びとが）黒人であるという理由のみで抑圧されてしまう社会にあって行われるキリスト教神学は、黒人神学でなくてはならない。被抑圧者の属する共同体の目標と躊躇することなく意を共にする神学、彼らの解放を求める闘いの中に神的な性質を解釈しようとする神学、そのような神学こそ黒人神学なのである。[20]

黒人の学生は、言葉の一つ一つに感動しているようだった。白人、そして特にワトソンは明らかに動揺していた。彼は私に面と向かって表明しようとはしなかったが、その怒りは私にまで伝わってきた。

講義のあと私は、ワトソンと彼の二人の同僚、そして私を以前教えていた先生たちと昼食を共にした。それは明るいよく晴れた午後で、私たちは美しい天気について、春の花々や小鳥のさえずりについて話していた。私も穏やかな気持ちで笑いながら、会話に参加していた。すると突然、ワトソンが私に向かってこう言ったのだ。「ジム、この昼食のときのような思いやりある態度で、文章を書いたり、講演したりしたらいいんじゃないかい?」

さっきまでの心地良い気持ちは、この言葉でどこかへ消えてしまった。継父に書き手として認めてもらおうと努力したが、結局認められることのなかったジェイムズ・ボールドウィンの気持ちがわかったようだった。私もまた、ワトソン教授から黒人神学という私の立ち位置に対しての承認を欲していたのだ。しかし彼は、そんな私の気持ちを理解しようとはせず、それは以後も変わらなかった。

「ワトソン先生」、私は父親に話すような敬意を持って彼に返答した。「黒人の身体がリンチされていることを考えているときに、どうやったら思いやりのある態度などとれるでしょうか! もしあなたが私の立場にあったとしたら、きっと同じように感じるでしょう」。沈黙がその場を支配した。それから彼が退職するまで、私は彼と連絡をとらなかった。彼の退職記念集に私が論文を寄稿し、それに対し彼から礼状が送られてくるまで、この長い沈黙は続いた。彼からの連絡は喜ぶべきことだったが、あのとき私をあれほどまでに戦闘的にし、断固たる姿勢をとらせたものが何であったのか、彼がいまだに理解していないことがその文面から伝わってきた。

刺激的な一年目を終えるために、私はユニオンへ戻った。黒人解放の神学について教え、執筆し、講義した一年。肯定的なものであれ、否定的なものであれ、学問の世界や教会に関わる誰もが黒人神学に対して確固たる意見を持っているようだった。

注

1 ベネットからニーバーへの手紙、一九六九年六月一六日。

2 Reinhold Niebuhr, "The Twilight of Liberalism," *The New Republic*, June 14, 1919; idem, "The Confessions of a Tired Radical," *The Christian Century*, August 30, 1928; Reinhold Niebuhr, "Let the Liberal Churches Stop Fooling Themselves!" *The Christian Century*, March 25, 1931.

3 ニーバーからベネットへの手紙、一九六九年六月一八日。

4 ニーバーからベネットへの手紙、一九六九年六月二八日。

5 Reinhold Niebuhr, *Moral Man and Immoral Society* (New York: Charles Scribner's Sons, 1932), 277, 221, 222.（『道徳的人間と非道徳的社会』大木英夫訳、一九九八年、白水社。ただしここでの訳文は訳者による）

6 Ibid., 234.

7 ローレンス・N・ジョーンズはリンカーンより数年前に学生部長としてユニオンに赴任しており、一九七〇年にはアフロ・アメリカン教会史の教授となった。

8 James Baldwin, "They Can't Turn Back," in *Collected Essays*, ed. Toni Morrison (New York: Library of America, 1998), 636.

9 Jon Pareles, "A Mesmerizing Master of Pop," *New York Times*, April 22, 2016, B10.

10 Conrad Kent Rivers, "Watts" を参照。以下に引用がある。Don L. Lee (Haki R. Madhubuti), *Dynamite Voices: Black Poets of the 1960s* (Detroit: Broadside Press, 1971), 38.

11 Dorothy Randall-Tsuruta, "In Dialogue to Define Aesthetics: James Baldwin and Chinua Achebe" (1981), in James Baldwin, *Conversations with James Baldwin*, ed. Fred L. Standley and Louis H. Pratt (Jackson: University Press of Mississippi, 1989), 211.

12 James H. Cone, *A Black Theology of Liberation*, Fortieth Anniversary Edition (Maryknoll, NY: Orbis Books, 2010), 1.（『解放の神学——黒人神学の展開』梶原寿訳、一九七三年、新教出版社。ただしこれは初版の訳出である。

またここでの訳文は訳者による）

13 Stokely Carmichael, "Toward Black Liberation," in LeRoi Jones and Larry Neal, eds., *Black Fire: An Anthology of Afro-American Writing* (New York: William Morrow, 1968), 119–22.

14 James Luther Adams, *Paul Tillich's Philosophy of Culture, Science, and Religion* (New York: Harper & Row, 1965).

15 Margaret Mead and James Baldwin, *Rap on Race* (New York: Dell, 1971), 183.（『怒りと良心――人種問題を語る』大庭みな子訳、一九七三年、平凡社、一一二頁。ただし訳文は変更してある）

16 J. Deotis Roberts, "The Black Caucus and the Failure of Christian Theology," *Journal of Religious Thought* (Summer Supplement 1969): 21.

17 Lawrence Lucas, *Black Priest/White Church: Catholics and Racism* (New York: Random House, 1970), 12-13. "Are you out of your god- damn mind?" is what Malcolm actually said.

18 "Tar Baby," in *The Book of Negro Folklore*, ed. Langston Hughes and Arna Bontemps (New York: Dodd, Mead, 1958), 1–2.

19 Paul Lehmann, *Transfiguration of Politics: The Presence and Power of Jesus of Nazareth in and over Human Affairs* (New York: Harper, 1974); and Paul Lehmann, "Black Theology and 'Christian' Theology," *Union Seminary Quarterly Review* 31, no. 1 (Fall 1975).

20 Cone, *A Black Theology of Liberation*, 11.（『解放の神学――黒人神学の展開』梶原寿訳、一九七三年、新教出版社。ただしここでの訳文は訳者による）

訳注

i ブードゥー教における呪術、魔術。

ii 黒人霊歌「行け、モーセ」（Go Down Moses）。ルイ・アームストロングのカバーがある。

iii　アメリカ南部に伝わる民話。ブレア・ラビットはうさぎどんとも訳され、いつもトラブルに巻き込まれては、機転を利かせそれを乗り越えていく。茨の茂みはブレアラビットの家である。黒人民話の中においてうさぎは黒人の象徴とされ、その身体的な強靭さと知恵で狐どん（白人）を出し抜く。

iv　ビリー・ホリデイ「奇妙な果実」（Strange Fruits）。

When He Put My Name on the Roll

4 主が私の名を呼んだとき

——批判者から学ぶ

「黒人神学なんてものは存在しない！」チャールズ・H・ロングは叫んでいた。私を指差して、まるで弟でも叱りつけるかのように。それは黒人宗教学会での一幕で、私の新著『解放の神学』が会議の主題だった。ロングは私の主張の大前提を否定した。「神学とは西洋の概念で、非西洋人を支配し侮辱するために、ヨーロッパ人が作ったのだ」。彼は続ける、「それならば、神学とは黒人の宗教体験からは完全にかけ離れたものなのだ」。ロングが情熱的にまくし立てるのを前に、会場は静まり返り、誰もが私の応答を待っているようだった。経験豊かな学者が集まる会合の中にあって誰よりも若かった私は、返す言葉も見つからないまま、ただ彼を見つめていた。

私はロングを尊敬していたし、彼から多くのことを学びたいと願っていた。しかし彼は、何かを教えるというよりも、私に恥をかかせようとしているようだ。彼の主張に何か大切な真理が含まれていることはわかったが、それを正確に理解する気にはいっさいならなかった。私の弁護に立つ者は誰一人おらず、彼は語り続けていた。「もし神学があるとするならば、それは宗教から生まれ出たものでなくてはならない。宗教は神学に先立つのだ[1]」。

白人の学者が黒人神学を無下に扱うことは予想していた。しかし黒人の学者から同じような反応を受けようとは。彼らは私の弁護に立ってくれると考えていたのだ。その期待は見事に裏切られ、私は一人、不安を感じていた。自分の神学についてもっと深く考えなければ。それが彼らの意図ではなかったにせよ、ロングのような批判者を通して、私は神学や黒人経験をより批判的で複雑な形で思索するよう促されたのだ。

黒人神学の発展と議論に学術的な文脈を提供したのは、黒人宗教学会（Society for the Study of Black Religion, SSBR）である。『黒人神学とブラック・パワー』が出版された一年後の一九七〇年、同学会はシカゴ大学で宗教史を教えていたロングと、神学教育基金の初代会長チャールズ・シェルビー・ルックスの主導によって創設された。私は六人からなる運営委員会の一人として招かれていた。当時、黒人宗教と神学の意味について黒人の学者が取り組むには、私の本を避けて通ることはできなかったのだ。白人に煩わされることなく黒人の内で議論を深めるために、学会への白人の参加は許されていなかった。

結果的に初期のＳＳＢＲは、チャールズ・ロングが黒人解放の神学に対する激しく執拗な批判を展開するための場となってしまった。その議題が何であれ、彼は私の本を攻撃する方法を思いつくようで、その攻撃は七〇年代、そして八〇年代のほとんどを通して止むことはなかった。もちろん彼の主張の大部分の妥当性に疑いの余地はなく、事実、私は彼から多くを学んだ。ただ彼は強烈な知識人で、その批判のやり方に傷つけられることもあった。彼の主な主張はこうである。「神学とは権力を扱う……この言説は、権力のヘゲモニー、つまり天と地における権力の配分とその経綸《エコノミー》について取り組むのだ[2]」。

当時も現在も、この基本的な部分において異論はない。しかし、私が試みていたのは、黒人経験と正義や尊厳を求める彼らの闘いのただ中から引き出される、神についての新しい言語を創り出すことであって、それは単純な西洋神学の裏返しではなかった。ロングの知的な手練に敬意を感じつつも、公民権運動やブラック・パワーの中に何らかの真理があることを私は知っていた。黒人の牧師であり神学者でもあったマーティン・ルーサー・キング・ジュニアによって率いられた公民権運動において表現された黒人神学と、イスラム教の聖職者として近代世界でもっとも偉大な黒人の尊厳の弁護者であるマルコムXにおいて体現されたブラック・パワー。それらの内に秘められた真理に私はこだわりたかったのだ。

それから何年も後、ロングは彼の主著である『シグニフィケーション』(一九八六)で、私の著作を肯定的に評価し、私を驚かせた。彼の意図はいまでもわからない。「ジェイムズ・コーンの一九六九年のデビュー作『黒人神学とブラック・パワー』は、新しい神学の到来を告げた……キリスト教神学の焦点として被抑圧者の意味を問うというそのスタイルは、喚起的かつ預言的である。その神学は、公民権運動という歴史的文脈の中から現れ、ブラック・パワーの神学的意味の解明を標榜していた」。SSBRの会議で、ロングから直接このような評価を受けたことはなく、彼は私が書いたものすべてを嫌っているとばかり考えていた。ロングはさらに続けている。

『黒人霊歌とブルース』や『解放の神学』、また他の主要な論文、そしてニューヨークのユニオン神学校で学生を指導する教授としての影響力、第三世界や世界中の解放の神学者たちへの影響やその関係性などに、コーンの働きの意義は表れている。彼の働きとそのキャリアは、アメリカにおける黒人経験に根ざしつつも、普遍的な影響を持つよう定められていると考えられる。[3]

ロングはさらに晩年の作品で、私の著作の重要性を『カスターは君の罪のために死んだ』（一九六九）、『私が話す、君は聞け』（一九七〇）、『神は赤い』（一九七三）などの著作で知られるアメリカン・インディアンの学者、ヴァイン・デロリア・ジュニアのそれと並べつつ分析している。

公民権運動は、コーンとデロリアが彼らの著作を発表する文脈となった。この文脈から離れて、彼らの作品を想像することは難しいだろう。彼らが主導権を奪ったのは、まさにこのとき、この場においてなのである。もっとも、彼らの著作は公民権運動の中から生まれたように映るかもしれないが、彼ら自身は、その試みが永続的なアメリカのジレンマというアメリカ人改革主義者の自己弁護の継続ではないことをはっきりと主張している。両者とも、アメリカにおける学者としてのステレオタイプに甘んじようとはしなかったのだ。[4]

ロングは続ける。「コーンの『黒人神学とブラック・パワー』は、アメリカの神学と文化の構造内における黒人性と権力の意味を敷衍した最初の作品である」。[5] ロングはデロリアと私の著作を「不透明な神学」と呼び、私たちの神学が「不透明」でありうるのは、「内的な両義性」が理由ではないかと問いかけた。彼の黒人解放の神学に対する次の見方は正しいだろう。つまりそれは「抑圧者の世界観、思考構造、理論などの知識に対する告発である。この告発とは単純に彼らの悪行に対するものだけではなく、さらに重要なことはその悪意ある信仰と悪意ある知識に対するものである。それはまさしく神学的な闘いなのだ。彼ら（コーンとデロリア）の論証法、レトリック、また彼らが使っている議論の知的資源は、ルターの宗教改革を思い起こさせる」。[6]

ここまでは、彼の意見にまったく同意する。実際、彼以上に私の著作の意義を明確に説明した者はいないのではないか。ロングは問う。「もっとも、この神学の主唱者たちは神学論争に勝利することのみを望んでいるのだろうか？」そんなはずがない！ ロングが正しく認識しているように、議論に勝つことが私の目的ではないのだ。「彼ら（コーンとデロリア）は、抑圧で苦しんでいる者たちが完全に自己を表現しうるための時間と場所を用意することを望んでいる。そのような場所と時間では、すべての人間が自由にされることが含意される。ここには抑圧者も含まれるのだ。なぜなら彼らは、自らの意識と抑圧的行動によって、自身を不自由に、非人間的にしているのだから」。ここで私たちはロングの抱いていた問題の核心にたどり着く。「これを実現するために神学を使うことは適切だろうか？」[7] 彼の答えは絶対的な否である。

私が思うに、ロングはここでも神学をヨーロッパ的な感覚で捉えている。つまり権力を持つ者が無力な者に向けて発する言葉として。しかしヨーロッパ人は、無力な人びとに神学とは何であるか、またその方法を教える権利を有しない。黒人神学とは黒人経験の中から生まれた神についての言葉であり、その意味はスタイルの中に見出される。ここに白人の方法論との違いが生じるのである。もちろん私は、新しい黒人神学の言葉を創出するためにヨーロッパの神学を借用したが、それは奴隷が白人のキリスト教を用いて、自らの尊厳についての新しいビジョンを切り開いたことと何ら変わりはない。ジャズのミュージシャンがコンボで音楽を奏でるように、私もロングと協力して共に闘えたらと願っていたが、それは実現しなかった。彼にとって重要だったのは議論に勝利することで、その点において彼の右に出る者はいなかったのだ。結局、彼と対話の席につくことはできなかった。私は彼に対して何年も沈黙を保ち、ようやく一言、偉大なるチヌア・アチェベ（ナイジェリア出身の小説家で現代アフリカ文学を牽引した）の言葉を言い換えてこう伝えた。「もし私の本が嫌いなら、自分で書くといい」[8]。

J・ディオティス・ロバートとゲイロード・ウィルモアはロングに賛同していたが、彼らの言葉はロングに比べて穏やかで、柔らかいものだった。両者から学んだことは多い。特に、黒人教会、公民権運動、ブラック・パワー運動に参与した自身の経験を土台として、私の著作を認め、また批判してくれたウィルモアからは多くのことを学んだ。J・ディオティス・ロバートは、私がブラック・パワーを支持したことを批判した。彼はそれを非キリスト教的かつ暴力的と呼び、私が白人との和解に関心を示していないと批判した。そのような和解に私が興味を持っていないとすることは正しくない。ただ何よりもまず黒人解放を叫ぶことが必要であったし、それを欠いた和解には意味などないというのが、私の信念だった。黒人はどうして、自らの人間性を否定する人びとと和解などできるのだろうか？

ウィリアム・ジョーンズの『神は白い人種主義者なのか？』（一九七三）は、古典的な神義論の問いを投げかけた。もし神が善と力とにおいて完全であるなら、悪は何に由来するのか？

もし神が黒人を白人優越主義から解放するというなら、なぜ彼らは、四〇〇年近い奴隷制度、リンチ、ジム・クロウ分離政策を経ていまなお抑圧されているのか？　このように苦しみの問題が問われるとき、私に残された言葉は「わからない」、ただそれだけである。神学は哲学ではない。その根本において神学とは理性の言葉ではなく、哲学が何世紀にもわたって取り組んできた神義論の問いに答えを持たないのだ。神学は象徴的で想像的な言語を使い、理性では把握できないことを理解しようと試みる。神学は反理性的なのではなく、非理性的なのであって、理性的な議論を超越し、想像力でしか掴むことのできない現実の領域を指し示すのだ。「究極的な現実について想像力抜きで議論すべきではない」[9]と、ラインホルド・ニーバーは言ったではないか。詩人のウォレス・スティーブンスは「神と想像力は一つである」[10]と言ったではないか。

もっともここであげた批判者たちは、私を駆り立てていたもの、私を書くように押し出したものの正体を適切に理解していなかった。私の一義的な目的は、ロングやウィルモアが示唆したような黒人宗教についての学術的な議論を構築することではなかった。またジョーンズが提起した神義論の問題に取り組みたかったわけでもないし、ロバートが勧めた和解の問題でさえ、私を駆り立てたものではないのだ。私が何よりも示したかったのは、黒人になることとキリスト者になることが解放となりうる、ということである。神は私たちを黒人になるよう招いている。なぜならボールドウィンが言ったように、「黒人であるとは途方もない霊的条件であり、生きている者が直面しうる最大の挑戦」[11]なのだから。黒人であることを詫びる必要はない。私たちは躊躇することなく、恥じることなくそれを抱きしめるべきなのだ。

黒人神学への批判が、黒人の自己憎悪という問題を無視しているなら、それは的外れである。マルコムは正しかった。「白人が犯した最大の犯罪は、黒人に自らを憎めと教えたことだ」。ボールドウィンも、こう述べている。「黒人であるということについて、あなたがたがこれまでこの国で教えられてきたのは、それがとても酷いこと、黒人であるとはとても酷いことだということです。さて、この状況を生き抜くには、自分を本当に深く掘り下げ、これまでアメリカには存在しなかったようなイメージで自分を作り直さないといけません」。これは簡単な作業ではない。しかし、ボールドウィンはスタッド・ターケルとのインタビューでこう続ける。「あなたは……自分が何者であるかを自ら決めないといけないのです。そして世界が決めるあなたの像ではなく、自分自身のそれでもって扱われるよう世界に強いていかないといけません」[12]。これこそ私が神学者として試みていたことなのだ。この自己憎悪という黒人共同体に存在する問題の核心に触れることなく批判をされても、それは応答に値しない批判のように思えた。

図書館にこもる中から生まれる理性的な議論をするために、私はものを書いてきたのではない。私は自分の経験の内から筆を進め、白人優越主義が支配する世界にあって生きる黒人の尊厳のために声をあげたのだ。自己嫌悪に苛まれるニグロのキリスト教徒たちを、黒人であることを愛する黒人イエスの革命的使徒として生まれ変わらせるという使命、これが私を駆り立てた。新しい神学を、ブルースを、私は歌ったのだ。B・B・キングが気の向くままに音楽を奏でたように、私も神学を奏でよう。私にとってバルトの神学は、B・Bにとってのギターであり、レイ・チャールズにとってのピアノである。彼らの音楽に合わせて、骨に肉に感じたまま踊っていると、「魔法がかかる」[i]（マディー・ウォーターズ）のだ。私はバルトに追従していたのではない。彼は私の楽器に過ぎず、邪魔になったときはいつでもケースにしまって部屋の隅へと押しやる用意がある。むしろ私の師は、「大丈夫だ」[ii]と教えるレイ・チャールズであり、「黒人と誇り」[iii]をシャウトするジェイムズ・ブラウンであり、「リスペクト」[iv]を要求するアレサ・フランクリンだったのだ。

　私を批評する者は誰でも、私の内に燃える炎の理由を理解せねばならない。白人神学が私を熱くすることはなかった。神学、聖書学、宗教史、社会学、哲学などの学問の探求もまた、興味深いことに違いないが、私を熱くはさせなかった。私の内に炎をつけたのは、シカゴやデトロイト、ロサンゼルスやニューヨークの都市部で、そしてアラバマやミシシッピ、アーカンソーやジョージアの裏道で黒人の身に降りかかっていたことなのだ。黒人の苦しみ、これこそあのマーティンやマルコム、そして私の内に等しく燃える炎の理由なのである。アメリカ都市部や南部におけるリンチの木の下で燃えている炎、黒人神学を生み出したのはこの炎である。

ゲイロード・ウィルモアの内にも同じ炎が燃えていた。それゆえ、ときに意見が一致しないことがあっても、共に働くことができたのである。私たちは共同で黒人神学の文献集を編纂し、互いに議論を深め、その輪を世界に広げた。黒人は他の誰かを愛せるようになるために、まず自分を愛することを知る必要がある。このメッセージを告げ知らせるという使命において、彼との不一致を見たことは一度もない。

同じ世界に生きる者として、黒人の批判者からは何かしら学ぶことができたのだが、白人からの批判は時が経つにつれてあまり重要ではなくなっていった。白人批判者は特権的な世界に生きていて、黒人を搾取している。彼らの中の最良の者ですら、黒人が日々何と格闘せねばならないかを理解していない。仕事へ行き、子どもを育て、黒人を人間として扱わない社会にあって生きる意味を求めること、そこにある闘いを。私は白人神学者に向かって「その汚い口を閉じろ」と言ったことがあるが、その言葉によって私は彼らの内輪でよく知られるようになった。神学における白人優越主義について沈黙を保つことの言い訳として、この言葉を利用した者もいるほどだ。ほぼ五〇年にわたって、白人神学者と仕事をし、彼らについて書き、また彼らに向かって語ってきたが、私の知る限りでは、彼らのほとんどが時間とエネルギーをただ浪費しているようである。肌の色にかかわらず、私が批判者と対話する際に大切にすることは、黒人が自らのために考え、正義のために闘い、黒人であることを受け入れられるよう解放されるために何が必要か、ということだ。正義と黒人性こそ、黒人解放の神学の中心にあるものなのだ。

人は、自らの価値を自覚せずに生きることはできない。黒人解放の神学で私が表現しようと試みたのは、白人神学と彼らの教会によって否定され無視されてきた黒人の自尊心である。黒人教会は間違いを犯すこともあったが、それでも黒人に自尊心を与えてきた。黒人が自らの人間性を認識できたのは、神が黒人を愛し、イエスが彼らのために死んだからだ。白人が何をしようとも、黒人の尊厳を奪うことはできなかったのだ。黒人キリスト者にとって福音とはまさにこのような意味を持ち、説教者がどれだけ腐敗していようとも、彼らが教会へ通い続けた理由はここにある。神は彼らに価値を授け、彼らの人生に無限の意義を与えたのだ。

批判者に耳を傾けることを、私は厭わなかった。ただ、批判が多くの点で正しかったとしても、その前に首を垂れてしまってはいけない。批判者との議論では、真理とそうでないことを見極める必要がある。黒人からの批判によって、目が覚めるような思いをしたこともある。それがきっかけとなって、奴隷だった祖父母の記憶や競売台や奴隷船の歴史、そしてアフリカへと立ち戻ることができたのだ。はるか昔に亡くなった者たちの魂とつながることで、そこから響く音楽やドラムの音が聴こえ、人びとが踊り歌うのが見えるようだった。私は「自分が生まれ出た世界」に身を沈めた。黒人霊歌とブルース、フォークロア、奴隷物語の世界。そしてその中に、黒人奴隷や元奴隷たちが歌い、語った自由と解放の言葉を発見したのだ。私は歴史探求という領域を初めて知り、チャールズ・ロングの正しさを確認することができた。「抑圧された文化の中に生きた者は、抑圧者が決して知りえない自由ということについて何かを知っている」。彼は続ける、「はたして、その抑圧に耐え、それを乗り越えてきた人びとの内から出た自由は、どのような表現となって現れるのだろうか？」それは解放を歌った音楽であり、自由を伝える物語である。「この自由が、新しい行為者による主従構造の単純な感傷的摸倣に陥らないためには、まったく新しい形の自由でなければならないだろう」[13]。その通りだ！　私はこの議論を念頭に、アーカンソー州ビアーデンの黒人教会やジューク・ジョイントで初めて聴いた音楽、黒人霊歌とブルースの中で表現された黒人の自由について考察することを決心した。

　私が『黒人霊歌とブルース』を書いた理由は、ロングの指摘、つまり黒人神学はヨーロッパ神学の産物に過ぎないという主張の誤りを証明するためだった。たしかにヨーロッパの思想家たちは、私が神学を始めるときに助けとなったが、解放と自由という思想は彼らからの借りものではない。すでに自由を享受してきた西洋の思想家たちには、抑圧からの解放を主張する必要などどこにもなかったのだ。彼らの神学における自由とは、抽象的かつ哲学的な原理であり、それは観念の世界に安住した思想だった。私はそれを地上へ、ゲットーの中へと引き戻し、黒人の正義を求める闘いのために白人神学を利用した。彼らの神学はアフリカの人びとのためには書かれていない。彼らはアフリカを植民地としたのであって、その神学は植民者のために書かれたのだ。

マヘリア・ジャクソンやB・B・キングなどを聴きながら『黒人霊歌とブルース』を書くことは、自らの魂と向き合うような内省的な体験であった。私のもっとも奥深くにある感覚と感情に触れる黒人音楽が私を貫き、空虚の淵からそうした音楽を創り出した奴隷について学ぶことを通して、私の言葉は変えられたのだ。

子どものころ、毎週日曜日にマセドニアAME教会まで家族とよそ行きの服を着て、砂利道を歩いたことを思い出す。一七五センチ、六五キロだった父は、一着しか持っていなかった茶色のダブルスーツと白いシャツを着て、茶色のネクタイを締め、それに合わせた靴を履いていた。一七〇センチで少しふっくらした母は、明るい青のドレスを着て、そろいの帽子と靴を身につけていた。そんな母は、ビアーデンで一番美しい女性に見えたものだ。私たち兄弟は、きっちりしたスーツパンツを履き、白いオープンカラーのシャツを着ていた。頭の中は女の子のことでいっぱいで、霊的な悩みなど頭の片隅に追いやって。

主日の日曜日は一週間の中でも特別な日で、誰もが一番良い服を着て、説教を聞き、祈り、天まで鳴り響くような歌声で賛美歌を歌った。「神はこの家におられる」と言ってハンター牧師はよく説教を始めたものだ。「さあそれを喜び、感謝しよう」。私たちはある種のエクスタシーを感じつつ喜んだのだ。白人社会では経験できない自由が、この教会にはある。祖先から受け継いだ自由の歌を、私たちは歌うのだ。

おお自由よ！　おお自由よ！
Oh Freedom! Oh Freedom!
おお自由よ、あなたを！
Oh Freedom, I love thee!
奴隷となるなら
And before I'll be a slave
墓へと埋められ
I'll be buried in my grave,
みもとに帰って自由を[v]
And go home to my Lord and be free.

人びとはときに叫び、足を踏み鳴らし、手を振り、聖霊に応えるのだった。聖霊は絶え間なく彼らと共にあり、人びとの心を鎮め、「神の変わらぬ手にしがみつく[vi]」という彼らの決意はいつも新たにされるのだ。私は歌は苦手だったが、聖霊が私の骨肉に働いていることは感じていた。マセドニアに帰り、子どものころの感情を思い出すことなしに『黒人霊歌とブルース』を書くことはできなかっただろう。まだあの喜びは続いていたのだ。当時の高揚が蘇り、私は神の家に「もう一度、そしてまたもう一度」いるような気持ちがした。私が子どもだったころに教会にいた多くの人びとはすでに「栄光」に帰していた。しかし「まだ生きている」[vii]人びともいて、彼らは自分たちを「害、痛み、危険[viii]」から守り続ける神のことを讃えていた。彼らの賛美を過小評価してはならない。なぜなら「白人はいまだ野放しになっている」のだから。[14]教会には新しい顔ぶれもちらほらいた。彼らは皆、私のことをジェイムズ・ハルとして、ルーシーとチャーリーの息子として、セシルとチャールズの弟として覚えていてくれた。父は六二歳という若さで「ヨルダン川を渡って[ix]」いったが、母はまだ健在で、固い信仰を保ち、「魂の救いに邁進して[x]」いた。

私は教会に静かに座って、子どものころを思い出し、母の膝に頭を乗せて悲喜の歌に聴き入っていた。人生は哀歓に満ちており、黒人霊歌はときに一つの曲の中でさえ、その両方の感情を捉えるのだ。

誰も知らない　この苦しみを
Nobody knows the trouble I've seen,
誰も知らない　この悲しみを
Nobody knows my sorrow,
誰も知らない　この苦しみを
Nobody knows the trouble I've seen,

グローリー　ハレルヤ！[xi]

Glory Hallelujah!

この「苦しみ」とは白人に起因する。そして「ハレルヤ」とは、黒人の命の究極的な意味を最終的に決定するのは白人ではない、という信仰表明なのである。

黒人霊歌について何か書くためには、その起源を知っておく必要がある。私は白人や黒人の学者（そのほとんどは歴史家だったが）の著作を読んで、その議論の蓄積を学んだ。もっとも私は彼らの議論そのものに関心があったわけではない。私が望んでいたことは、なぜ黒人霊歌は作られたのか、またなぜその歌の意義は時間や場所、人びとを超越して妥当性を持ちうるのか、ということを自らの実存的深みにおいて知ることだった。黒人霊歌は世界への贈り物なのだ。ハワード・サーマンの『深い河』（一九四五）と『生と死をめぐるニグロ霊歌』（一九四七）は、私のマセドニアでの経験に共鳴し、私はその二冊を何度も繰り返し読んだ。私の黒人霊歌の解釈をサーマンが受け入れてくれるかどうか、自信がなかったのだが。

『黒人霊歌とブルース』が出版された直後の一九七二年のある午後、ニューヨークで開かれていた全米黒人教会協議会（ＮＣＢＣ）の年次総会で講演していたハワード・サーマンに、私は呼ばれた。私はその招きに驚き、また少し不安も感じていた。彼は何を期待しているのだろう。私の政治的な主張、また黒人性の強調などは、統合と普遍主義という彼のメッセージとは相容れないもののように思えた。彼と意見が合わなかったわけではないが、それを彼が知っているかどうか、私にはわからなかった。彼が『黒人神学とブラック・パワー』を読んだことは知っていた。彼の著作『共通基盤を探って』の中で、[15]私の本を「直接的な資料」の一つとして参照していたからだ。同書の「アイデンティティの探求」という章で彼は、私への(また『黒いメシア』(一九六八)の著者であるアルバート・クリーグへの)応答をしたのではないかと思う。彼は「ブラック・パワー」と「黒いキリスト」そして「黒いことは美しい」(black is beautiful)と主張する「新しいモード」について強調している。サーマンはこの新しいモードを否定したわけではないが、次のような懸念を示した。「ある社会の内部に、閉ざされた実体として共同体を作ることを試みるのは、自殺行為であるばかりでなく、考えうる限りもっとも純粋な愚行である」[16]。サーマンは、アメリカにおいて黒人だけの「閉ざされた実体」を作ることを私が主張している、と考えていたのだろうか。

話している彼の姿を初めて見たのは、私がまだギャレットで学生だったころ、シカゴ・サンデー・イブニング・クラブのテレビ番組だった。彼は言葉と言葉の間に長い間を取って、ゆっくりと語り、その話しぶりに聴衆は魅了されていた。私もまた、彼の知性とその語り口に心を奪われた。そこにはもう二人、ベンジャミン・メイズとマーティン・ルーサー・キング・ジュニアという偉大な宗教家が顔を揃えており、サーマンを含めたこの三人に私は大きな影響を受けたのだ。あの日の午後、サーマンの待つホテルの部屋へと歩きながら、私は彼らのことを考えていた。ノックするとすぐドアは開き、部屋へと招き入れられた私は、サーマンと彼の妻の正面にあった椅子へ座るよう促された。私は当時教授で、広く読まれた本を三冊出版していたが、それでもサーマンと向き合って座ったときは、緊張せずにはいられなかった。相手が白人であれば、それがどんなに偉大な人物であろうと、そんな気持ちになったことは一度もない。

しかしサーマンは（メイズやキング、リンカーンと同じように）、先駆者であり、私のために道を開いてくれた一人なのだ。どのような形であれ、彼の気分を害することだけは避けたい。意見が合わぬことはあっても、尊敬に値する人物であることに違いない。人種的な正義のために闘うことが死を意味するような時代にあって、彼は闘うことを恐れなかった。『イエスと奪われた者』（一九四九）や『暗闇の光』（一九六五）、そして霊性についての二冊といったサーマンの著作は、私の頭と心に重く響いていた。彼は私にとっての神学的な先駆者であり、彼の本があったからこそ、私も書くことが可能となったのだ。彼はそれを知っているのだろうか。

サーマン博士は夫人の隣に座り、私の目を見て静かに毅然とこう言った。「君のしている知的な仕事は大切なものだよ。若者よ、強くありなさい。誰かが厳しい批判をしたり無視を決め込んだりして、君を諦めさせようとするかもしれない。でも屈してはいけない。黒人も白人も君を必要としている。今日伝えたかったのは、それだけだよ」。

サーマン夫人は微笑んで、背中を押すように頷いている。私は言葉を失っていた。神からの使者が私に語りかけているのではないか。サーマンは深く霊的な人物で、多くの人びとから霊的な指導者、グルのような人物として尊敬されていた。そんな彼の言葉が私にどう響いたのかは誰も想像できないだろう。

私は何とか言葉を絞り出した。「ありがとうございます！　私の本についてあなたが考えてくださっていることが、私にとって何よりも重要なことです。あなたの著作や働きなしでは、何も書けませんでした。あなたが私の仕事に価値を見出してくれたことへの喜びの大きさは、とても言葉では言い表せません」。

あのとき、彼と神学的な対話ができたらよかったと思う。彼の本についていろいろと聞きたかったし、また私の内に彼が見たものをもっと話してほしかった。私の著作の強みと弱みを、彼はどう考えていたのであろうか。サーマンにとって私を励ますことと、私と批評的な会話を持つことは、完全に別物だったはずだ。黒人の宗教体験が生み出した偉大なる霊的な師から多くを学べたであろうに。しかし当時の私は、聞きたいことを訊ねられるほどの度胸を持ち合わせていなかったのだ。

メイズとリンカーン、そしてサーマンとの出会いは、私の学者としての人生を大きく変えた。それはそれぞれ時宜にかなったものだった。メイズとの出会いによって、私は人生に秘められた可能性を、自分では想像すらしていないときに垣間見ることができた。リンカーンとの出会いは、最初の論文への自信を与えてくれた。これまで積み重ねてきたことが間違っていなかったこと、努力を続けること、そして他の誰でもなく自分自身になることを、彼との出会いを通して学んだのだ。サーマンとの出会いもまた、自分の著作への肯定を意味し、それが先駆者たちに喜ばれていると確信することができた。

ベンジャミン・メイズが書いた『黒人霊歌とブルース』の書評は、何よりも嬉しいものだった。[17]「(『黒人霊歌とブルース』は)黒人音楽について建設的で有益な解釈を施した。彼の手法は創造的である」。そして彼はこう結論づける。「コーン教授の著作は、黒人、白人両者に広く読まれるべきであろう。彼のブルースと黒人霊歌の解釈によって読者は、社会的、経済的、政治的な黒人の生活についての洞察を得る。教養を備えた宗教者は、本書を読むことを通してブルースへの審美眼を得るだろう。つまりブルースは黒人霊歌の一側面なのであって、この二つは、黒人が敵意溢れるこの世界を生き延びるうえで欠かせないものなのだ[18]」。メイズの書評を読んでいると、八年前に彼が私に見た学者の姿になれたような気がした。自宅の朝食に招かれたことや、そのとき語ってくれた言葉を、彼は覚えているのだろうか。SSBRの会合で黒人の学者から厳しい批判を受けたことから、マーティン・ルーサー・キング・ジュニアから始まった公民権運動に連なる人びとは、マルコムXとブラック・パワーを敬愛する私の姿勢に批判的なものだとばかり予想していたのだ。

サーマンとは一度、メイズとは二度会ったことがある。メイズ博士を見たのは、一九八〇年代初頭にアトランタで開かれたSSBRの年次総会が最後だった。彼は基調講演を行うことになっていたが、そのとき突然体調を崩してしまった。プレゼンテーションの最中で倒れかけた彼は、そのまま病院へと運ばれた。私は彼が用意してきた原稿の代読を頼まれ、それを引き受けた。当時会議に出席していた者で、私とメイズの関係を知っている人はおらず、彼の講演を読むことが私にとっていかに名誉なことであったか理解できた者はいなかっただろう。彼はその病を乗り越えたが、それから数年後に亡くなった。

学者として駆け出しのころに出会った三人の黒人の中でも、C・エリック・リンカーンから受けた影響は計り知れない。彼は私の最初の論文を、彼が編集を担当した『誰かブラック・アメリカを聞いているか?』で出版してくれただけでなく、私をユニオンの教員に紹介し、その後も二冊の本を出版してくれた。もっとも、何よりも強調しておきたいのは彼との友情である。個人的なことや専門的なこと、執筆やユニオンの教授としての生活まで、彼にならば何でも相談できた。

リンカーンと二人でニューヨークのアップステートへ車で旅行したときに、彼のような学者や書き手になりたいと伝えたことがある。彼は笑って「お世辞をありがとう」と言ったが、それからきっぱりとこう続けた。「いや、君は私のようにならなくていい。自分自身になりなさい! なりうる限り最良の自分に。君は個性的で独創的な考えを持っているよ」。これ以上の助言を、私はこれまで受けたことがない。リンカーンの言葉をよく考えたあと、私はそれを一言一句そのまま受け入れることにした。もはや誰かの真似をしようなどという気持ちはなくなり、書く才能、学者としての能力についても、他の同僚に劣等感を感じることはなくなった。自分が持って生まれた知的な才能をできる限り伸ばすことに集中しよう。自分の可能性について、他の誰かから指摘されるなんてことは金輪際なしにしようと、私はあのとき誓ったのだ。いまでも、私はもっと良い書き手に、もっと良い学者に、そしてもっと良い教師になれると信じている。この命が尽きるまで、私は少しでも最良の自分に近づきたい。リンカーンには感謝してもしきれないほどの恩がある。

ロングやウィルモア、ロバーツ、そしてジョーンズらの批判者は、その批判や問い、批評によって、私の知的生活を大きく変えてくれた。有意義な批判以上に、書き手や学者が自らの作品を高められるものがあろうか。その点において、私は非常に恵まれていた。『黒人霊歌とブルース』（一九七二）だけでなく、六年のうちに出版した四冊目の神学書である『抑圧された者の神』（一九七五［新教出版社、一九七六］）もまた、彼らへの応答として書くことができた。『抑圧された者の神』は、私の黒人霊歌とブルースである。教会で説教をし、ジューク・ジョイントの隅っこで踊るように書いた神学。それは、エイドリアンの青い部屋とリトル・ロックの兄の教会から始まった神学の一つの知的到達点である。私はそこに自分のすべてを注ぎ込み、すべてを書き記した。ブレア・ラビット、ブレア・ベア、ブレア・フォックス、オレ・シス・グースの物語、スタッガ・リーの物語[xii]、そしてアフリカからやってきて「音の波の上を歩いた」高貴な征服者ジョンの物語[xiii]。これらの黒人民話を、神学の言葉で語ろうと試みた。批判者への応答は、ときに辛辣な言葉を伴うこともあった。いま読み返してみると、その文章は若さゆえに自信過剰気味で、神学的傲慢さが見え隠れしている。しかし私の傲慢と、白人神学者や彼らに同調する黒人の傲慢は混同されてはならない。私は公の場において、白人に対する考えを発言し、書こうと決心していた。そうしたのは自分のためではない。自らのために発言する機会を持っておらず、その知恵を白人に黙殺されてきた貧しい黒人のために、私は筆を取ったのだ。

黒人神学は、教会的な感覚における狭義の宗教のみを素材とすべきでない。いやできないであろう。なぜなら黒人共同体においては、世俗的な素材もまたそこに含まれるからだ。ブラックパンサーの人びとが『黒人神学とブラック・パワー』に興味を示したことに危うさを感じつつも、好感を抱いたのはそのためだった。私たちは緊張関係にあった。それは私が説教者であり、彼らが説教者を嫌悪していたことに起因する。彼らが指導的立場にあると信じる黒人革命を、聖職者は邪魔し、妨げていると彼らは主張していた。ブラックパンサーの人びとは、革命者である黒いキリストという私の思想を気に入っていた。しかし結局、私たちがソウルメイトとなることはなかった。

黒人民族主義者とは、良い関係を築くことができた。ユニオンでの一年目、アミリ・バラカ（リロイ・ジョーンズ）が私をニューアークの家へ招待してくれた。マルコムXの次に影響を受けた黒人民族主義者として、私は迷いなく彼の名をあげる。彼の詩や演劇、エッセイにはよく親しんでいた。彼の招きを受け入れた私は、バラカがケネス・ギブソンを初の黒人市長にするため熱心にキャンペーンを張っていたニューアークへ足を運んだ。バラカは私の『黒人神学とブラック・パワー』を読んでおり、そこから私たちの対話は始まった。彼は小柄で言葉の才能に恵まれており、私が黒人性に焦点を当てていることに対しては好意的に捉えていたようだ。だが私のキリスト者としてのアイデンティティには、納得しかねていた。彼が当時組織していたアフリカ民族会議の初の主要な会合に、彼は私を招いてくれた。宗教に関するワークショップで、アルバート・クリーグと共に共同議長として参加することを依頼されたのだ。

ワークショップには三〇〇人近い参加者があり、クリーグが出席できなかったために、私はその場において自らをキリスト者と公言している唯一の人間となった。黒人民族主義者たちに囲まれ、彼らとは違う意見を持ちながらワークショップを進めることは、非常に挑戦的な経験であった。黒人民族主義者は、キリスト教を、黒人革命に反する白人の宗教として放棄することを私に求めるのだ。私は一歩も引くことなく、イエスは白人ではなく、自らの民の自由のために闘って死んだ黒い肌をしたヘブライ人であり、私たちはイエスから学べることが多くあると応答した。「あなたたちは、白人の言うことに対して何でも批判的に応じるのに」と、私は彼らに迫った。「なぜイエス・キリストの解釈については彼らの主張を受け入れるのでしょうか。イエスは白人が伝えているような方ではありません。彼はローマ帝国に対する謀反の罪で十字架にかけられたのです。イエスと今日の黒人革命との間には、多くの共通点があるでしょう」。

黒人民族主義者たちは私の議論に納得していないようで、さらに応酬を重ねてきた。黒人革命のために銃を持つ意思があるのか、こう問うのだ。私の答えは固い否だった。「その点については私に期待しないでいただきたい。もし暴力を否定していることがキリスト教を拒否する理由であるならば、私も言っておきましょう。いかなる革命であれ、それが私の母親を除外してしまうのなら、私はその革命には賛同できない。私の母は、非暴力主義のキリスト者なのです」。各々のグループが信じるものに固く立とう、これがワークショップの結論となった。

ブラックパンサーや黒人民族主義者たちとの対話によって私の信仰は強められた。ローワン・ウィリアムズの言葉を借りるなら、彼らは私の「自己審問」となったのだ。「もし私たちが神について語ろうとしているなら、自己審問の必要性はより緊急のものとなる。それを避けることの危険性は非常に劇的なものなのだから」[19]。

霊歌を歌うキリスト者には、ブルースが一種の自己審問となる。ブルースは「世俗の霊歌」なのだ。子どものころはジューク・ジョイントへ行けなかったが、それでもラジオから流れてくる泥臭いブルースに耳を澄まし、学校の集会でそれに合わせて踊ったりしていた。ブルースは黒人霊歌と同じくらい私の心を動かしたのだ。リトル・ミルトンが私は大好きだった。

君を好きじゃないなんて
If I don't love you baby,
ご飯は食べ物でなく
Grits ain't grocery
卵は鶏から産まれず
Eggs ain't poultry
モナリザは男だって
言うことと同じなんだ[xiv]
And Mona Lisa was a man.

黒人霊歌は、超越的な次元へと――大抵の場合それは天国と呼ばれてきたのだが――黒人を誘う。しかしブルースは、男女の関係が愛とセックスによって定義されるこの地上へと黒人を引き戻す。そのどちらにあっても、黒人は白人優越主義から逃れることはできない。

いっそ泥水を飲んで、浅い眠りにつこう
I'd rather drink muddy water, sleep in a hollow log,
この町にいて、汚い犬みたいにあしらわれるくらいなら
Dan to stay in this town, treated like a dirty dog.
ここに座って悩むのは、マッチ箱に服を詰め込むようなこと
Sitting here wondering would a matchbox hold my clothed
自分の持ち物は少ないし、行く手ははるか
I ain't got so many, and I got so far to go.
いっそこの町を出て、どこか遠くへ[xv]
I've got a mind to ramble, a mind to leave this town.

教会では見つけられない自らの尊厳を、黒人は「低俗な土臭いブルース[xvi]」の中に聴いた。ブルース・ピープルは、教会の「画餅」の救いに耐えられなかったのだ。その実存的痛みを和らげるため彼らは酒を煽り、官能的なエクスタシーを感じるため「真夜中に[xvii]」（ウィルソン・ピケット）セックスを楽しんだ。神の音楽である霊歌と、悪魔の音楽であるブルース、どちらも黒人を興奮させ、彼らの体を自然に、もはや誰にも止められないほどに揺り動かした。二つはときに対立することもあったが、黒人の本質的な深みにおいて両者は同じ経験を基盤

にしていることを、私たちは知っていた。その経験が、ブラックパンサー、黒人民族主義者、そして黒人神学を生み出したのである。これらはそれぞれに、人生の困難、この狂った白人世界において黒人としてあることの不条理に対して応答している。黒人は意味なきところに意味を探し求めた。彼らは不屈の魂によって、その人生に意味がないという不条理を受け入れることを拒否したのだ。彼らは土曜日の夜にブルースを、そして日曜日の朝に霊歌を歌った。人生の不条理を歌うことは、彼らの信仰告白だった。この世界の「艱難辛苦」には屈しない。彼らは「非難や侮辱を受け」また「自分が産み落とされた見世物について語った」のだ。彼らは「この世界は苦難で溢れている」と知っていた。しかしそれだけではないのだ。黒人は自らが人間であるということも知っていた。その確信こそ、誰にも奪うことのできない人生の意味を彼らに与えたのだ。「お前は私をラバのように扱うが、私は人間として産まれてきたのだ[20]」。

一九六九年から一九七五年の間に、私は黒人解放の神学に関する四冊の書籍を出版し、また多くの論文を発表した。それは、自分の主張を申し立て、黒人や白人の批判者に対し黒人神学を弁護し、説教や礼拝の中で自己嫌悪の問題について取り組むよう黒人教会に迫るためだった。私の文章が出版されたのはいまから四〇年も前のことで、公民権運動とブラック・パワー運動がその政治的文脈にあった。私は一人だった。振り返れば、私は自分の仲間にとっても批判者にとっても、決して付き合いやすい人間ではなかったように思う。黒人や白人の学者による込み入った知的な議論に惑わされるつもりは毛頭なかった。ハワード・サーマンとベンジャミン・メイズ、そしてエリック・リンカーンが、私の仕事を支持してくれたのだから。市井のアフリカ系アメリカ人が理解できる言葉で、黒人の尊厳について書こう、私はそう固く決心していた。もちろんチャールズ・ロングの黒人宗教についての分析の重要性を否定するつもりはない。しかしそれは少々複雑すぎて、彼の主張を正確に理解するには、いくぶん時間がかかる。「不透明」や「現実の不透明さ」「相反性」また「知の理論の隠喩としての、方法論的かつ哲学的な不透明の意味」といった用語や表現は、私を含めたほとんどの黒人を混乱させるだけで、彼らの霊的な境遇に何ら語りかけることはできない。私がこれまで書いてきたものは、すべて黒人の尊厳を主張するものであり、これからもそれは私の関心の中心であり続けるだろう。

ソール・ベローはかつて「人が何を乗り越えたかを見れば、その人間性を測ることができる」と言った。私は何を乗り越えてきたのだろう。アーカンソー州におけるジム・クロウ分離政策だろうか、黒人解放の神学を生み出したことだろうか、それとも三四歳という若さでユニオンの正教授となったことだろうか。人びとはそんな私の業績に賛辞を送るかもしれないが、私の祖先が耐えてきたこと、乗り越えてきたことに比べれば、それらはささやかなものである。二四六年におよぶ奴隷制度、それから一〇〇年にわたる分離政策とリンチ、そしてアメリカにおいて決して逃れ得ない白人優越主義、これらすべてを祖先は耐え、乗り越えてきたのだ。肉体的にも精神的にも、絶え間なく人間以下の存在として扱われる中にあって、彼らは世界に通用する音楽を創り出した。黒人霊歌やブルースだけではなく、ジャズやゴスペル、ソウル、そしてヒップホップ。私の霊的および知的な強靭さは、この祖先から受け継いだのだ。彼らの伝統の一部を担えることを、私は誇りに思う。

注

1 Charles H. Long, "Perspectives for a Study in Afro-American Religion in the United States" (1971), in Charles H. Long, *Significations: Signs, Symbols, and Images in the Interpretation of Religion* (Philadelphia: Fortress, 1986), 188.

2 Long, "Freedom, Otherness, and Religion: Theologies Opaque" (1986), in *Significations*, 209.

3 Ibid., 205.

4 Ibid., 206.

5 Ibid., 207.

6 Ibid., 208.

7 Ibid., 208–9.

8 「誰かの物語が嫌いなら、自分で書くといい」。以下に引用がある。Dwight Garner, "Bearing Witness, with Words," *New York Times*, March 23, 2013.

9 以下に引用がある。Richard Fox, *Reinhold Niebuhr: A Biography* (Ithaca, NY: Cornell University Press, 1996), 171.

10 Wallace Stevens, "Final Soliloquy of the Paramour," in *Selected Poems* (London: Faber and Faber, 1965), 143.

11 James Baldwin, "No Name in the Street" (1972), in *Collected Essays*, ed. Toni Morrison (New York: Library of America, 1998), 471.

12 James Baldwin, *Conversations with James Baldwin*, ed. Fred L. Standley and Louis H. Pratt (Jackson: University Press of Mississippi, 1989), 5–6.

13 Long, *Significations*, 210, 211.

14 Toni Morrison, *Beloved: A Novel* (New York: Alfred A. Knopf, 1987), 180.（『ビラヴド』吉田廸子訳、一九九〇年、集英社。ただしここでの訳文は訳者による）

15 Howard Thurman, *The Search for Common Ground* (New York: Harper & Row, 1971). 以下を見よ。"Acknowledgments," ix.

16 Ibid., 102.

17 Benjamin Mays, *review of The Spiritual and the Blues*, Union Seminary Quarterly Review 28, no. 31 (Spring 1973): 257–58.

18 Ibid., 258.

19 Rowan Williams, *Dostoevsky: Language, Faith, and Fiction* (Waco, TX: Baylor University Press, 2011), 45.

20 以下に引用がある。James H. Cone, *God of the Oppressed* (Maryknoll, NY: Orbis Books, 2008), 12, from H. A. Baker Jr., *Long Black Song* (Charlottesville: University of Virginia Press, 1972), 116.(『抑圧された者の神』梶原寿訳、一九七六年、新教出版社、三四頁)

訳注

i Got My Mojo Workin'、マディー・ウォーターズの録音でよく知られている。

ii レイ・チャールズが一九五九年に発表したシングル、What'd I Say の歌詞の一部。

iii Say It Loud, I'm Black & I'm Proud、ジェイムズ・ブラウンが一九六八年にリリースした。

iv アレサ・フランクリンの一九六七年のアルバム、I Never Loved a Man the Way I Love You(邦題「貴方だけを愛して」)の冒頭を飾る曲。オリジナルは、ソウルシンガーのオーティス・レディングである。

v 黒人霊歌 Oh Freedom。ニューオリンズのアーロン・ネビルによる秀逸なカバーがある。

vi 黒人霊歌 Hold on to God's Unchanging Hands。

vii 黒人霊歌 And Are We Yet Alive。

viii 詩編一二一編七節。

ix ヨシュア記三章。

x　フィリピの信徒への手紙二章一二節。

xi　黒人霊歌 Nobody Knows My Trouble、マヘリア・ジャクソンの歌で聴いてほしい。

xii　黒人アウトローの象徴的人物。一八九五年、セント・ルイスのバーで友人を撃ち殺した事件により、スタッガ・リーは白人権威への反逆者の象徴として英雄視されることになった。その後この事件は歌になり、ミシシッピ・ジョン・ハートからドクター・ジョンまで数多くのミュージシャンによって歌われている。

xiii　黒人民話の英雄。アフリカで王子の身分であった彼は、アメリカに奴隷として連れてこられ、トリックスターとして活躍する。マディー・ウォーターズが Hoochi Coochie Man で歌っている。征服者ジョンについては、コーンが別の場所で分析を加えている。「彼（征服者ジョン）は『希望を運んでくる人』であり、奴隷制の歴史的諸制限を超え出ようとする奴隷の願望と、奴隷市場や奴隷法によって規定されない、実存の『他者性』を主張しようとする試みを言い表している」（『抑圧された者の神』五三頁）。

xiv　リトル・ミルトン、Grits Ain't Groceries、一九六九年に発売された。

xv　I'd Rather Drink Muddy Water、ルー・ロウルズが一九六二年に録音、発表している。

xvi　Low Down Dirty Blues、ライトニン・ホプキンスが同名のアルバムを一九七四年に発表している。

xvii　In the Midnight Hour、ウィルソン・ピケットが一九六五年に発表。

When He Saved My Soul

5 主が私の魂を救ったとき
――生徒から学ぶ

「コーン先生、あなたはゲイの経験を何もわかっちゃいない!」白人の男子学生が、教室の後ろから叫んでいる。私が教えていた「キリスト教神学概論」の授業中だった。私は話すのを中断し、彼をまっすぐに見つめた。そのとき私の内に蘇ってきたのは、二〇年前の記憶だ。当時指導教授だったワトソン教授の授業中、溢れ出るものを抑えることができずに感情を爆発させたことがあった。しかし学生の正当性を理解していた私は、ワトソンのように怒ることはなかった。私が一九六〇年代に人種主義によって痛めつけられていたのとまったく同じように、彼は一九八〇年代のエイズ危機のただ中で、ホモフォビア〔同性愛嫌悪〕によって傷つけられていたのだ。社会や教会、そして神学にはびこるホモフォビアについて私は声をあげようと努力していたが、その学生から見ればそれはまったく十分ではなかったのだろう。沈黙が教室を支配し、誰もが私の一言を待っていた。

「君は正しい!」彼の目を見つめたまま、私は言った。「私はゲイの経験についてあまり知らない。もっとも、ストーンウォールの反乱に端を発するゲイやレズビアンの闘いの中から生まれた神学についてなら、少しぐらいは話せるかもしれない。カーター・ヘイワードやベヴァリー・ハリソン、ゲイリー・コムストックらは、ユニオンに来て自分の声を見つけたのだ。歴史の下から声をあげようとしている彼らのような人びとのことを、私はまだ学び始めたばかりだ。ヨーロッパが支配する神学の世界にあって、彼らの声は黒人神学の声と同様に聞かれてすらいない。被抑圧者は、自身の経験を土台として究極的な現実について発言する権利を持っている。だから私は、神と黒人経験について書き始めた。だが抑圧されている人びとは黒人だけではない。自らの尊厳を求めて闘わなければならない被抑圧者の声を、できる限り多く神学の中に含めることは自分の責任だと考えている。彼らのことを黒人ほど知っているわけではないとしてもだ。イエスの物語に力を得た私は、黒人の尊厳を求める闘いにおけるイエスの意味について書いた。今度は君の番だ。私は君の声となることはできない。だが、私が自分の声を見つけたように、君が自分の声を見つけるよう励ますことはできるはずだ。だから私は教えているのだ」。

学生は話に聞き入っていた。私は目の前の若い学生を見つめたまま、少し間をとって続けた。「君の怒りには神学が眠っている。見過ごせない矛盾に直面したとき、神学が始まるのはそんなときだ。四世紀のアタナシオスも、一六世紀のルターも、二〇世紀のバルトも、皆そんな矛盾と向き合っていた。私もそうだ。もし私が白人優越主義に対して怒りを感じていなかったなら、書くことは何もなかっただろう。君の怒り、私にはそれがよく理解できる。私もいまだに怒っているのだから。しかし怒りだけでは足りない。君はその怒りを使って声をあげないと。自分の内で燃えるものについて、ありったけの創造力を使って言葉にするのだ。自分の経験の原点に立ち戻り、君のように痛めつけられた者にしか表現できないことを書きなさい。私はそうした。君にもできるはずだ」。

ユニオン神学校は、学生の多様性でよく知られている。そんな環境で教えることはやりがいがあり、それが大好きだった。ゲイやレズビアン、クィア、黒人と白人、ストレートの女性や男性、アメリカ内のさまざまな共同体や外国からきた有色人たち、クラスの皆が私に注目していた。私はそのゲイの白人学生だけでなく、そこにいたすべての学生に語りかけようとした。彼に伝えることは、他の皆にとっても重要なのだ。

「何かを書くときの頼りは一つだけ、自分の経験だ」というジェイムズ・ボールドウィンの言葉を、私は紹介した。ゲイの黒人アーティストだった彼は、ストーンウォールが起こる二〇年も前の一九四〇年代、ゲイであることをカミングアウトすることが安全ではなかった時代に、自らが同性愛者であることを公表していた。私は彼の言葉を強調するために幾度か繰り返し、それから自分のことを語った。「私が文章を書き始めることができたのは、黒人としての経験を受け入れたからだ。君も同じようにしなさい。自分の経験を受け入れるのだ！　それから心にあるものを書いてみなさい。もちろん他の人びとの経験に対して語りかけることも重要だ。自分や他の人の物語、そして世界中の人びとの物語や言葉を貪欲に学びなさい」。学生たちは皆、私をじっと見つめていた。

それから私は、この学びの多い瞬間を作り出すきっかけとなってくれた学生に向き直った。「私がこの授業にゲイやレズビアンの人びとの声を含めているのは、彼らを助けたいと思っているからだ。彼らの尊厳を求める闘いは、私の闘いでもある。私が教えるのは、君たちを愛しているからだ。その中には白人も、特に社会の隅に置かれている白人の学生も含まれるのだ。取り残されること、無視されること、軽蔑されることが何を意味するのか、私は知っている。黒人であるという理由だけで人を軽蔑するような社会に私は生まれたのだ！　黒人であることとゲイであることの間には何らかの関連性がある。だから私は君の感じていることが少しはわかるのだよ」。

さらに私は続けた。「『イエスは黒人である』と私はこれまで何度も発言してきた。しかし私たちは、イエスはゲイであると言うことだってできる。辱められている人びとがいれば、その人たちの名でイエスを呼ぶことができるのだ。私の生徒の一人だったジャクリン・グラントは『イエスは黒人女性だ』と言ったが、彼女は正しい。イエスとは、傷つけられ軽蔑された人びとと神の連帯を表現する一つの方法なのだから。同じように、私たちはストーンウォールの反乱やそれに対して発言している人びとについても話すべきだ。グスタボ・グティエレスをはじめとするラテンアメリカの解放の神学者たちが示したように、神学とはいつもセカンドステップ（二歩目）なのだ。貧しき者たちの共同体が正義を求めて闘っているとき、それに対する応答として神学は立ち現れる」。

授業は終わりに近づいていた。「苦しみは私たちを分裂させることもできる」と私は言った。「しかし同時に、私たちを一つにすることもできるのだ。苦しみは人びとをつなげる橋となりうると、ボールドウィンは生涯を通して何度も語った。マーティン・ルーサー・キング・ジュニアの生涯もまた、そのような人びとの連帯性の証しだろう。彼はこう言っている。『すべての命は互いに関連している。すべて（人びとは）、避けることのできない相互依存というネットワークの中に存在しており、運命という一つの服地で結ばれている。どのようなことであれ、一つが直接的な影響を受ければ、それに伴いすべてが間接的な影響を受けるのだ。あなたがあるべきあなたになるまで、私はあるべき私にはなれず、私があるべき私になるまでは、あなたはあるべきあなたにはなれない。現実は相互依存的な構造をしている。どこかの不正義は、あらゆる場所の正義に対する脅威なのだ』」。

授業が終わる前に、私は授業を中断させた学生にもう一度語りかけた。「ゲイの経験について、私がもっと深く理解できるよう助けてくれるつもりがあるなら、文献リストを作って、君や他の学生がこの授業でしたいことを教えてくれないだろうか。人生に意味を見出そうとしている学生の話を聞く準備はいつもできているからね」。

授業のあと、そのゲイの白人学生は、私が他の生徒と話し終わるのをじっと待っていた。他の学生が帰ると、彼は私のところへ来て、自分の声を見つけるように励まされたと感謝してくれた。彼は文献リストを作る用意があると言い、後日、私たちは数時間にわたってその学期の授業のことを語り合った。今日に至るまで、彼は私の良き友人だ。彼はゲイの経験とエコ・ジャスティスについての論文で博士号を取得し、現在はLGBTQコミュニティの卓越した代弁者として働いている。

ユニオンでは、学生が授業を中断させることが珍しくない。彼らが怒りを感じている瞬間は、何か大切なことを教える機会となる。シラバスに並べられている参考文献を読んで学ぶよりもはるかに重要なことを、学生はそんなときに学ぶのだ。私は生徒に、自らの尊厳を求めて闘うこと、そしてその中で声をあげることを求めた。私が学生だったころは、黒人としての経験を土台に神について考えることなど誰も教えてくれなかった。神学的省察に値する黒人の言動などないと信じていたせいで、自分の声を見つけるまでに何年も費やしてしまった。自分の誤りに気がついたとき、私はこの胸の高まりを、社会の隅で取り残された人びとと分かち合おうと決意したのだ。

神学者がそれを認めるかどうかは別として、あらゆる神学は経験から始まる。西洋の神学伝統から生み出された神学者は、神学を志す誰もが学ばなければならないものとして、彼らの神学の普遍性をよく主張する。しかし普遍的な神学など存在しないのだ。アウグスティヌスの『神の国』も、アクィナスの『神学大全』も、カルヴァンの『キリスト教綱要』も、バルトの『教会教義学』も。人間は皆特定の場に生きる有限な存在であって、私たちの神理解はその経験から生み出されるのである。もちろん私たちの固有の経験が何らかの普遍性を指し示すことができれば幸いではあるが、ある経験がそっくりそのまま普遍性を持つことはありえない。もし私たちが自らの神についての言説を究極的な現実と勘違いしてしまうなら、それは固有の経験のイデオロギー化に他ならないのだ。

神学を教えるとき、私は学生に、神についての絶対主義的な言説にいつも懐疑的であることを求めた。西洋の伝統が創り出した神学を単純に繰り返すことよりも、自らの声を発することの方が圧倒的に重要なのだ。いかなる神学者であっても、それが過去の人であれ現在の人であれ、あなたに代わって神学をしてくれる者などいない。ニーバーやアウグスティヌスはそれを知っていた。私たちも自らが生きる時代と場所のただ中にあって、同じようにしなければならない。もちろん他の人びとの主張の限界を知ることと同様に、私たち自身の主張の限界を認識することも大切なのだが。

教えることは愛することと深く結びついている。学生への愛がなければ、いったい何を彼らに教えられるだろう。マーティン・キングは「敵を愛すること」は実践的なのかと聞かれた際に、愛とは「感情的な戯言」ではないとよく言っていた。キングに倣って、ボールドウィンはアメリカに対してこう忠告している。「愛とは戦い、愛とは戦争なのだ。愛とは成長することなのだ……」[1]。私は教師として、学生とのぶつかり合いを厭わず、また彼らの挑戦を受け入れた。衝突を通して私たちは互いに成長する。自身がなりうる最良の自分へと近づくために、私たちは学び合う。愛はいつも「互恵的」であり、相手の存在なくしては見えないことを互いに教え合う。もっとも、そのようにして見えてきた自分は、目を背けたくなるような姿をしていることが多い。だからこそ「愛が戦い」になる。[2]イエスは人びとに神の正義の到来を見せようとした。それを見ることを拒否した者たちが、イエスを十字架につけたのだ。マルコムは白人やニグロたちに、黒人であることの美しさ、人間らしさを見せようとした。それを見ることを拒否した人びとが、彼を殺したのだ。キングは世界に、平和は非暴力によってでしか創れないことを見せようとした。それを見ることを拒否した暴力的な人びとが、彼を暗殺したのだ。人びとが耳を塞ぎたくなるような真理を語ったことで、これまで何人もの預言者が殺されてきたのである。

「組織神学一〇三　キリスト教神学概論」は、ユニオンにおける私の看板クラスとなった。これはユニオンに入学したほとんどの学生が一年目に受講する授業で、私はこの授業に心も体も魂も、すべてを注ぎ込んだ。神学は尊い学問であることを、彼らに伝えたかったのだ。神学とは単に学位のために必要なものではなく、人生の究極的な意味を霊的に、知的に探求することなのだから。私たちはアウグスティヌスの『告白』とマルコムの『自伝』を読み、彼らの探求について学んだ。私たちはみな意味を求めている。だからこそ人びとはユニオンに来るのであって、私はここで教えているのだ。アウグスティヌスのようにキリスト教信仰の中にその意味を見出す者もいる。しかしマルコムのようにイスラム教にそれを見出す者もいれば、また他の伝統の中にそれを見出す者もいるのだ。「超越的なものへ開かれることなしには生きることはできない。人は混沌の中では生きられないのだ。超越的なものとの接触がなくなったとき、この世界に存在することも不可能になる」と、ミルチャ・エリアーデは書く[3]。

私の授業は次の問いから始まる。「神学とは何か、そしてなぜそれを学ぶ必要があるのか？神学とは、私たちの理解からいつもすり抜けていく神について考えることである。私たちの把握のおよばない究極的な現実を考えることにどんな意味があるのだろうか？　なぜそれを考える必要があるのか？　神学とは逆説的な言葉であり、究極的な問いに対して神学が簡単な答えを持っているわけではないことを、君たちは知っておかなければならない。超越的な現実について考えるには想像力が必要なのだ。私たちが『神を語る言葉（God Talk）＝神学』と呼んでいるのは、詩のような想像的な言葉であって、理知的な言葉ではない。ギリシャ哲学に習う西洋の神学者たちは、神学を神についての合理的な思考であると定義し、また一一世紀の哲学者で神学者のアンセルムスは『知解を求める信仰』と神学を定義しているが、ギリシャ哲学を駆使してイエスが教える神を理解しようという試みは、つねに困難を伴ってきた。イエスはナザレから出たユダヤ人であって、貧しい未婚の女性から産まれた。彼はヘブライ人の預言者の伝統に法《のっと》って説教をし、貧しく弱い者に対する神の連帯を宣言したのだ。彼の言葉は、プラトンやプロティノスのような哲学的で理性的なものではなく、イザヤや洗礼者ヨハネのような預言的かつ終末的な言葉なのである」。

私たちは授業の中で、さまざまなキリスト者がその生涯においてイエスの意味をどう解釈したのかを検討していった。中でも重点を置いたのは、歴史の下から知識を探求していった人びとの声である。たとえばネイティブ・アメリカンの作家で弁護士にしてアクティビストのヴァイン・デロリア、ラテンアメリカやアジア、アフリカからの声、アメリカにあって周縁に置かれているフェミニスト、ウーマニスト、LGBTQなどのグループの声。これまで神学は「白人の手によって書かれてきた」と、ラテンアメリカの解放の神学の第一人者レオナルド・ボフは言ったが、二〇世紀後半、隅に追いやられた多くの人びとが沈黙を破り、神学の方向性を一変させたのだ。つまり神学とは、貧しく抑圧された人びとの視点からキリスト者が聖書と向き合うことなのだと。

そんな第三世界から発せられた声の中でも、ラテンアメリカの神学、特にいまでは古典となった『解放の神学』(一九七三〔岩波書店、一九八五〕)に始まるペルーのグスタボ・グティエレスを中心とした声は強烈であった。彼は他のラテンアメリカの神学者だけでなく、アジアやアフリカ、ヨーロッパやアメリカの多くの神学者に影響を与えた。同時に、彼自身もまた他の人びとから影響を受けていた。ジェンダーについてはフェミニストから、民間宗教については先住民族から、そして人種については黒人から。一九七六年にユニオンで「歴史の下からの神学」という授業をグティエレスと共同で教えたとき、私たちは互いに多くを学んだ。その後、第三世界神学者エキュメニカル協議会（EATWOT）に関わることを通して、私たちは学びをさらに深めるとともに、他の宗教思想家たちとも親交を持つようになった。私たちはアメリカとラテンアメリカを行き来し、互いの神学の類似点や相違点について議論し、人種差別や階級差別、性差別、そして文化的搾取などについての知識を蓄積した。一九七六年から一九九六年まで、私は世界各国を飛び回り、アフリカやアジア、そしてラテンアメリカで黒人解放の神学について講演し、またそれぞれの地における貧困問題や土着宗教、世界の隅々にまで浸透していた白人優越主義の問題などを学んだ。貧困に喘ぐ人びとについて書かれた書物を読むことと、実際に彼らが生活している場に行き、彼らと出会うことはまったく別である。彼らもまた闘っているのだ。未来は自分たちの手の中にあるという確信を持って、正義と人生の究極的な意味について物語を通して語っているのだ。

ユニオンで黒人神学を教えることには、ある種独特の難しさがあった。いまでは私も黒人神学の父として広く認知されるほどになったが、今日に至るまでこの分野が神学校のカリキュラムの中に残るとは誰も予想していなかっただろう。私がユニオンに着任してすぐ、ジョン・ベネットが黒人神学のことを「儚《はかな》い爆発」と呼んだように、当初、白人教員たちはそれを一時的な流行だと考えていた。ベネットはこう書いている。「それ（黒人神学）がすぐに時代遅れのものとなることに、微塵の疑いも感じなかった」[4]。もちろん彼にとって黒人の問題は大した重要性を持っておらず、こう書くのはたやすいことだったのだろう。しかし黒人神学は私のDNAに刷り込まれている。黒人神学の重要性を認めないベネットをはじめとする白人の教員たちに、彼らが間違っていることを証明してやろうと、私は心に決めていた。このような白人教員の態度は、黒人が神について、また彼ら自身について考え、信じていることを否定するも同然である。「私は自分の神が現実であると知っている。私があなたに抵抗することが可能なのは、この神がいるからなのだ」[5]と、ジェイムズ・ボールドウィンは書いている。黒人神学は私が発明したのではない。ほぼ四〇〇年にわたる黒人の尊厳と正義を求める闘いの中に、それは深々と根を張っているのだ。

　黒人神学の生存のためには黒人の学生を指導することが必須なのはわかっていたが、同時にそれは一人でできる仕事ではないことも認識していた。一八三六年に創立されて以来、私が着任する一九六九年まで、ユニオン神学校はその博士課程に一人の黒人も入学させたことがなかった。もっともそれを気に留める白人の教員はいないようだった。黒人は説教や歌に優れているが、白人のように知的な緻密さをもって物事を考えたり書いたりすることはできないという人種主義的な思想を、教員らは無批判に受け入れていたのだ。白人の同僚になぜ黒人を一人も博士課程に合格させたことがないのかと聞くと、私の予想通り彼らは、合格にふさわしい人物を見つけることができなかった、と答えた。「君は黒人が知的に劣っていると言いたいのか？　それとも博士課程が彼らの必要に合うように設計されていないのか？　どちらなんだ？」

「じゃあどうしたらいいんだ、ジム？」と彼らは聞く。

私の答えはこうだ。「神学とは黒人のものだと彼らに伝えるのだ。彼らの正義を求める闘いのために神学は役立つと、ユニオンは彼らの必要に応じて変わる用意があることを、彼らに教えるのだ」。それ以来ユニオン神学校は、神学の学科、またその教育についての理解を大幅に修正し、黒人解放の神学や女性神学、フェミニスト神学など解放の神学の発祥地として広く国際的に認知されるようになった。私の指導の下で博士号を取得した学生（男女含む）は、四〇人を超える。ユニオンがヨーロッパ神学以外の神学分野に対して門戸を開いていることに、私は誇りを感じる。神学以外の分野も徐々にその研究対象を黒人や他のマイノリティのグループへと広げつつあるが、学生を数多く集めるには至っていない。その理由は、それらの分野がその学科の仕組みや教育法を変えていないからだ。そのような中にあっては、黒人はこう言われているに等しい。「試験に合格できるほど優秀なら私たちが教えることを学んでくれてもいいが、黒人の経験の中から生まれた新しい問いは無視しなさい」。

いかなる神学でも、それを教え、それについて書く擁護者と、それを礼拝に取り入れ、説教する教会のコミュニティを失えば、生き残ることはできない。いまはなき全米黒人教会協議会（NCBC）は黒人教会コミュニティに対して、黒人性を受け入れることや「白人のキリスト」を「黒人のキリスト」に置き換えることの重要性を示すうえで大切な役割を担った。また彼らは「ブラック・パワー」（一九六六）と「黒人神学」（一九六九）について意義深い声明を発表している。NCBCの会員のほとんどは、戦闘的な若い聖職者と、教会に深く関わる学者によって構成されていた。黒人神学はNCBCが創り出したわけではないが、黒人神学の黎明期にあって、NCBCが霊的な下支えとなったのだ。

黒人学生を博士課程に受け入れるだけでなく、ユニオンは黒人の教員も採用するようになった。その中には、ジェイムズ・ワシントン（アフリカ系アメリカ人教会史）やジェイムズ・フォーブス（説教学）、コーネル・ウェスト（宗教哲学）、そしてサミュエル・K・ロバーツ（宗教社会学）がいる。黒人の歴史と文化、そして黒人宗教と神学の研究をユニオンのアイデンティティの中心とすることで、私たちはユニオンの知的文化を一変させた。ウェストは国際的に知られた知識人となり、フォーブスは力強い説教者として格別の評価を受け、ユニオンの裏にあるリバーサイド教会で長く奉仕した。ワシントンの早すぎる不幸な死は、彼がアフリカ系アメリカ人宗教史の第一人者として頭角を現し始めた矢先のことだった。サミュエル・K・ロバーツはユニオンに赴任してすぐここを去り、バージニア州リッチモンドのユニオン神学校（現在はユニオン長老神学校）へ移り、宗教社会学の研究者として高い評価を受けている。

コーネル・ウェストは知的な喜びに満ちた、痺れるような教師である。彼が廊下を歩けば学生が群がり、彼のクラスはいつも人で溢れかえっていた。教員は彼の並外れた知識に、いつも驚かされていたものだ。私たちは共に「黒人神学とマルクス主義思想」[6]というクラスを教えた。私は彼からマルクス主義について多くを学んだのだ。アメリカにおける黒人の非力は人種と階級どちらに起因するかということを、私たちは議論した。「人種の問題」(ウェストの同タイトルの書籍はベストセラーとなった)[7]を認めながらも、ウェストは階級の重要性を強調した。「階級的地位は人種的身分よりも、アメリカにおける基本的な無力さの形態の原因となっている」と、彼は『預言のおとずれ』の中で書いている。[8]ラテンアメリカの宗教学者も同様の議論を展開しているように、ウェストは正しいかもしれない。しかし私は彼に同意できない。人びとの行動の背後には、科学や理性よりも感情があることが多い。「思考は衝動の奴隷である」と書いたニーバーは正しかったのだ。[9]貧しい白人が、彼らの経済的かつ政治的な利益に反してでも、貧しい黒人の闘いに加わることなく白人の支配階級に属する人びとに投票することが多いのは、それが理由だろう。このような人びとの意思決定の場面で起こっていることに取り組まなければ、人種や階級、ジェンダーなどのカテゴリーは何の意味もなさない。

黒人女性からの批判は、男性からの批判よりもずっと鋭いものだった。中でも特に鋭く、また真実だったのはドロレス・ウィリアムズからの批判だ。一九七〇年代初頭、彼女は私の授業から神学の学びを始めている。彼女は優秀な学生で、彼女が私の専門外である文学にも焦点を当てるようになるまで、私たちは協働した。それ以降も彼女の神学はなお鋭さを失わず、その知的な力は、黒人神学が無視できないものへと成長していた。すぐにジャクリン・グラントとケリー・ブラウンが、ユニオンの大学院でウィリアムズの仲間に入り、社会倫理に女性の声を反映させようとするケイティー・キャノンも加わって、彼女たちは女性神学のための知的基盤を築き始めた。

これらの「男性、女性含めたあらゆる人々の生存と健康に取り組む、無法かつ大胆で勇敢な、もしくは頑固な[10]」黒人女性たちの声に真剣に耳を傾けようとはしたものの、聞くべきことを聞くために必要な経験と知識を、私は持ち合わせていなかった。のちにユニオンの教員となったウィリアムズは、白人のフェミニスト神学の理論的枠組みも、黒人（男性）神学の解放という主題も、アフリカ系アメリカ人女性の経験を十分に汲み取れていないと主張する。その例証として、彼女は聖書のハガルの物語をあげる。アブラハムとサラの奴隷だったハガルが、代理母としてイシュマエルを生むことを強制され、その後、荒れ野へと追いやられる物語。アフリカ系アメリカ人女性の歴史と文化の文脈において、ハガルの物語には説得力があり、ウィリアムズはそれを宗教的な議論の中に蘇らせた。神はハガルを解放しなかったと、ウィリアムズは私たちに警告する。しかし神はハガルと共に荒れ野にいて、彼女が息子イシュマエルと共に生存し、生活することを助けたのだ。「さあ、これについてミスター黒人神学者さんは、何とおっしゃいますか？」というウィリアムズの痛烈な声が聞こえてくるようだ。

その後彼女は、神学の新しい地平を切り開くこととなった『荒れ野の姉妹たち——ウーマニストの神学』(一九九三)において思想を発展させ、人種、性別、そして階級が交差する現実の中にアフリカ系アメリカ人女性が生きていることを論述した。聖書の物語と黒人女性の経験は、それまでの黒人神学が見落としてきた声を加えうることを、彼女は知っていたのだ。ウィリアムズは主張する。「さらに言えば、モーセとイスラエルの民のエジプトからの解放は、カナン人の虐殺を招いたではないか。それはアメリカにおけるネイティブ・アメリカンに起こったことと何が違うのか」。解放とは、倫理的で宗教的な矛盾を内包した、非常に問題の多いテーマなのだ。もちろんそれは聖書の主題の一つとして欠かせないものであるが、その両義性を私はいまはっきりと認識している。

ウィリアムズの発した問い、これは難題である。当時もいまも、私は答えを持たない。聖書は倫理的、宗教的な矛盾で溢れている。自分の息子のイサクを生贄に捧げよとアブラハムに命令する神、それはいかなる神であろうか? この物語を子どものころに読み、聞いたとき、背筋が冷たくなったことを覚えている。父はこのような命令に従うのだろうか? 私はそのような可能性に慄《おのの》きつつも、父がそうしないことを知っていた。聖書の無謬性や直解主義を容認することができないのは、そのためである。そこでは創造的な未来が閉ざされているのだ。聖書を崇める代わりに、私たちはそれを想像力が掻き立てられる人間の書物として受け取らねばならない。ヤコブが天使と格闘したときのように、私たちは傷つくことを覚悟のうえで、聖書と格闘しよう。私はウィリアムズが指摘したこれらの倫理的矛盾を前に「途方に暮れている」が「失望はしない」(二コリント四・八)。途方に暮れる私は、自分の宗教的な主張を過信せずにすむ。信仰には疑いが必要なのだ。

ウィリアムズの批判の中でも特に説得力があり肝要だったのは、クリスチャンが神の救いの業として認識しているイエスの死と十字架に関するものだ。イエスは私たちのために十字架上で死んだと、日曜日の教会では語られる。「多くの人の身代金として自分の命を捧げるため」(マルコ一〇・四五)イエスは来たのだと、彼らは説教し告白するのだ。十字架とはキリスト教伝統の中で、もっとも強力なシンボルである。「十字架のかげに」や「丘に立てる荒削りの十字架」「十字架の戦士」「イエスは一人、十字架を背負いて」などの賛美歌から、聖餐式で歌う「インマヌエルの血で満たされた泉」まで、私はイエスの十字架に関する歌に小さいころから親しんできた。しかしユルゲン・モルトマンが『十字架につけられた神』(一九七三〔新教出版社、一九七六〕)で受け入れたような血の理論、つまり神によるその一人息子イエスの殺害の美化を、ウィリアムズは拒否する。十字架に救いなどない、「血の力」などない、そう彼女は主張するのだ。イエスの死を通して神が救った者は誰一人としていない。救いとはイエスの「宣教のビジョン」と彼の復活によってもたらされるのであって、血の滴る十字架に救いはない。神学者や説教者、そして一般のクリスチャンは、イエスの受難を賛美することをやめなければならない。それは悪以外の何ものでもないと、ウィリアムズは論じる。

アンセルムスやアベラールから連なる西洋の神学伝統が生んだ贖罪論を拒否することにおいて、彼女は正しいだろう。しかしそれが救いと無関係であるからといってイエスの十字架まで拒否してしまうことは、はたして正しいのだろうか？　もっと議論すべきことがあるように感じていたが、私は何を語っていいかわからなかった。神学とは、謎に満ちた逆説的で、象徴的、そして詩的な言語である。その真理は想像力の中に見出され、それは頭脳よりも心に訴えかける。究極的な現実について誠実に語る唯一の方法は、想像力によるのだ。バルトが指摘したように、神について何かを語ろうとするとき、私たちは途方に暮れてしまうことや、人間の視点からはどうしても意味を掴めない出来事に出くわすことが往々にしてある。神は人間の理解を超えて働くからだ。合理的な考えに従った結果、不可知論や無神論に惹かれていってしまう理由はそこにある。その点、悪は有利な位置にいるようだ。特に、暴力と憎しみが溢れる世界にあって、それはいっそう顕著になる。悪の面前で神を語ることなどに意味があるのだろうか。しかし理性を超越する信仰は、十字架の真理に対して悪が最後の言葉を持つことを神は許さない、と表明するのだ。

十字架は悪である（そこに疑いの余地はない！）が、それだけが十字架について語れることのすべてではない。ラインホルド・ニーバーが『悲劇を超えて』（一九三八）で述べたように、十字架とは価値観の超越的転換なのである。「神は地位のある者を無力な者とするため、世の無に等しい者、身分の卑しい者や見下げられている者を選ばれたのです」（一コリント一・二八）

とパウロが書いているのも、それと同じことだろう。合理的な視点から見ると、この言葉は非常識も甚だしい。私は、ウィリアムズの主張を無視することはできないと知りつつ、それでも十字架について語ることをやめるわけにはいかなかった。贖いのための苦しみという思想を批判したのは、ウィリアムズだけではない。彼女より前に、白人フェミニストたちが類似の批判を展開しており、[11]ウィリアムズも彼女たちから影響を受けたのだろう。その後、第三世界のフェミニスト研究者たちがその声に加わった。[12]十字架は、家庭内暴力に晒されるアジアの女性たちを十字架上のイエスのように受動的にし、その苦しみを助長している、というフェミニスト宗教学者の主張から目を背けることはできない。

神学者として私が経験した何よりの幸せは、批判を受けたことである。もっとも、当時はそう感じることはできなかったが。批判を受け入れるのは辛いことであるが、それは必要な授業なのだと考えればいい。批判者がいたからこそ、私はより深く、より明晰に思考することができ、また自分に甘えずに済んだ。彼らのおかげで私はいつも気を抜くことなく、この五〇年近く、炎を燃やし続けることができたのだ。批判者を与えてくださったことを神に感謝しなければいけない。

最悪なのは無視されることであり、応答に値しないことを主張し続けることである。沈黙は思考と想像力を殺す。私はあらゆる種類の批判を受けてきた。役に立たないものも、ありがたいものも。その中で傾聴すべきものと、そうでないものを決めるのは自分なのだ。

評価されることもまた等しく重要である。批判と同じように、評価されることで人はよりいっそう情熱を燃やし、深く考え、もっと創造的になろうと努力できる。私は人に評価されたからこそ、より良い書き手へ、霊的な洞察とブルースフィーリングを持った書き手へと近づくための努力を続けることができたのだ。何かを書いているとき私は、トニ・モリスンやジェイムズ・ボールドウィンらの古典を好んで読んだ。良い文章とは何か、黒人共同体における苦難の問題にいかに取り組むのかを、彼らから学んでいたのだ。彼らの水準に自分が到達することはないと知りながら、私は謙虚になり、言葉の美しさをよりいっそう追求した。誰かに文章を褒められたり、夢中で読んだと伝えられたりしたときは、嬉しさのあまり言葉を失ってうまく返事ができなくなってしまう。自分の声を見つけ、細部に注意を払いながら書けるようになるまでには、何年もかかったのだ。神学者はどう書くか、何を述べるかということをもっと真剣に考えるべきだろう。黒人について書く際には、特にこの二つが鍵となる。彼らはその生き方の内に、独自のスタイルと気品、そして優美さを持っており、それを言葉で表現するのは容易なことではない。

批判と評価は、思考と想像力に加えられるステロイドのようなものである。ウーマニストから批判を受けたあと、私はいままでにないほど読み、また書いた。ウィリアムズらに対して、私は何を語れるだろうか？　自問自答の繰り返しである。「神、苦難、そして人間」というクラスを教え始めたのはそんなときだ。愛着のある本たちがテキストとなった。グティエレスの『ヨブ記』、アルベール・カミュの『ペスト』、ドストエフスキーの『カラマーゾフの兄弟』、トニ・モリスンの『ビラヴド』、チヌア・アチェベの『崩れゆく絆』、ドロテー・ゼレの『苦しみ』、イヴォンヌ・ゲバラの『深みより』、そしてヴィクトール・フランクルの『夜と霧』。苦難の問題の最終的な答えを見つけたわけではないが、授業を通してそれに関わる問いを深く検討できたことは、答えを見つけることよりもよほど大切だった。

苦難についての授業を教える傍ら「マーティン・ルーサー・キング・ジュニアとマルコムX」という授業も受け持つようになり、その結果『夢か悪夢か・キング牧師とマルコムX』（一九九一〔日本基督教団出版局、一九九六〕）を一〇年の調査と執筆期間を経て上梓することができた。これにより、黒人の苦しみについての私の理解はいっそう深まった。マーティンとマルコム以上に黒人の苦しみを深く理解し、それを取り除くために闘った者はいない。彼ら以上に黒人解放の神学に影響を与えた宗教家などいないのだ。私が苦しみの問題と格闘するうえで、この二人を欠かすことはできない。だが、彼らだけでは足りなかった。だからこそ私はエッセイの師、ジェイムズ・ボールドウィンと向き合ったのだ。彼は私にとってもっとも挑戦的で、また重要な対話者となった。

ドロレス・ウィリアムズや彼女と意見を共有する他のウーマニスト、フェミニストから私を分かつものは、私の生を育んだビアーデンにおける南部黒人宗教の霊的な奥行きだろう。その信仰の中心には、イエスの十字架と出エジプト、そして預言者がある。苦難に関して書かれた書物は多く読んだが、この問いについて私が語り、書く方法を決定的に左右することになったのは、黒人の苦難の経験であり、非人間化に抗う中で彼らが信仰をどのように使ったのかということなのだ。ウィリアムズは黒人信仰の核心に異議を唱え、私を瀬戸際まで追い詰め、その拒否を迫ったが、私はそこで踏みとどまった。その境界を踏み越えてしまえば、私は自分の拠るべき地点を失ってしまっていただろう。生まれ育った信仰共同体に私は留まろう。「何千年も昔に入港したシオンの古船」について歌い、説教したあの共同体に。子どものころに、私はこの船に乗り込んだのだ。人生の荒波に揉まれる中、黒人宗教は私に多くのものをもたらし、その意義について深く掘れば掘るほど、私はその真理に抗えなくなった。

黒人の生における苦しみは、イエスの十字架へと、またアフリカ系アメリカ人のリンチへと私を導いた。歴史的かつ宗教的な次元での両者の類似性が、私の思考を捉えて離さなかった。『十字架とリンチの木』(二〇一一〔日本キリスト教団出版局、二〇一四〕)を書いたのはそんな理由からだ。多くの恐怖と眠れぬ夜をくぐり抜けながら、私は執筆にすべてを捧げた。ウーマニストからの批判に応えうる言葉を、私は探し求めていたのだ。

注

1 James Baldwin, "Nobody Knows My Name," in *Collected Essays*, ed. Toni Morrison (New York: Library of America, 1998), 220.（『次は火だ――ボールドウィン評論集』黒川欣映訳、一九六八年、弘文堂、二三七頁参照）

2 特に以下を見よ。James Baldwin, *Conversations with James Baldwin*,ed. Fred L. Standley and Louis H. Pratt (Jackson: University Press of Mississippi, 1989), 156.

3 Mircea Eliade, *The Sacred and the Profane* (New York: Harper Torchbook, 1961), 34.（『聖と俗――宗教的なるものの本質について』風間俊夫訳、一九六九年、法政大学出版局。ただしここでの訳文は訳者による）

4 John Bennett, "Black Theology of Liberation," in *Black Theology: A Documentary History*, Volume 1: 1966–1979, ed. Gayraud S. Wilmore and James H. Cone (Maryknoll, NY: Orbis Books, 1979), 178. ここでは彼の著書 *The Radical Imperative* (Philadelphia: Westminster, 1975), 119–31 から抜粋した。

5 Baldwin, "No Name in the Street," in *Collected Essays*, 383. 強調はボールドウィン。

6 ウェストの論文を参照。Cornel West, "Black Theology and Marxist Thought," in *Black Theology: A Documentary History*, Volume 1: 1966–1979, 409.

7 Cornel West, *Race Matters* (Boston: Beacon Press, 1993).（『人種の問題――アメリカ民主主義の危機と再生』山下慶親訳、二〇〇八年、新教出版社）

8 Cornel West, *Prophesy Deliverance!: An Afro-American Revolutionary Christianity* (Philadelphia: Westminster, 1982), 115.

9 Reinhold Niebuhr, *Reflections on the End of an Era* (New York: Charles Scribner's Sons, 1934), 17.

10 ウーマニストの詳しい定義については以下を参照。Alice Walker, *In Search of our Mothers' Gardens: Womanist Prose* (New York: Harcourt Brace Jovanovich, 1983), xi（『母の庭を探して』荒このみ訳、一九九二年、東京書籍）や、Walker's *The Color Purple* (New York: Pocket Books, 1982)。後者はスティーブン・スピルバーグによって映画化されている。

11 特に重要なエッセイ集としては以下のものがある。Joanne Carlson Brown and Carole R. Bohn, eds., *Christianity, Patriarchy and Abuse: A Feminist Critique* (New York: Pilgrim Press, 1989).

12 Ivone Gebara, *Out of the Depths: Women's Experience of Evil and Salvation* (Minneapolis: Augsburg, 2002).

Martin Luther King Jr. & Malcom X

キング牧師（左）とマルコムX（右）

6 足が動き出し、物語が始まる

——十字架とリンチの木

「自著の中でどれが一番好きですか?」と聞かれることがよくあったが、長い間うまく答えられないでいた。それは自分の子どもの中から好きな子を一人選べと言われているようで、簡単には決められず、またそうすべきではないように感じていたのだ。しかし私の直近の成果である『十字架とリンチの木』を書いてからは、迷いなくこれだと言えるようになった。同書はこれまででもっとも困難で、書きごたえのあった著作であり、知性のみならず霊性までも総動員で書き上げた私の生涯の到達点でもある。そこには私のすべてが余すことなく注ぎ込まれている。忘れたくても忘れられなかった記憶と格闘しながら、私は筆を走らせた。それはほとんど、私が書くことを選んだのではなく、十字架とリンチの木が私を選んだようなものだった。

『十字架とリンチの木』を書き上げるまでに、どれくらい時間がかかりましたか？」そんな質問を受けて初めて、調査と思索、そして執筆に合わせて約一〇年もの歳月を費やしたと気がつくのだった。出版される形になるまでに、何度も書き出しで躓いては、いくつもの草稿を重ねた。この本にかかっているのは、黒人信仰の誠実さと、そこから生まれた彼らの解放運動に他ならない。私は時間をかけて丁寧に言葉の一つ一つを選りすぐった。もっとも、その一番深い意味において、私はそれをずっと書いていたのかもしれない。いや、いまだに書き続けている。それが真に完成するのはきっと、私が最後の息を吸い込んだときなのだろう。

『十字架とリンチの木』のために最初に筆をとったのは、海抜二七〇〇メートルのコロラド州アスペン近郊だった。周りには白人しかおらず、それはアーカンソー州の片田舎、南部の白人街の恐怖を思い起こさせた。何ヵ月も言葉が出てこないまま、書いたばかりのページを引きちぎり、私は自問自答を繰り返す。なぜこれを書くのか、何を伝えたいのか、そして誰に？　イエスの十字架の救いの意義と黒人の苦しみについて書こうとしたのだが、その前に女性神学者たちの説得力ある批判が立ちはだかっていた。それは一ヵ月、一年、ずっと私の心から離れなかったのだ。苦しみの問題に答えを持っていないことはわかっていた。いや、答えを求めていたわけではない。それを見つけてしまえば、想像力は制御され、より深い実存的な問いが覆い隠されてしまうだろう。私はアメリカの黒人、そして白人にとってのイエスの十字架の意味を検討しようとしていた。十字架について考えようとすると、私の思考はいつも、アメリカにおけるもっともおぞましい黒人の苦難の象徴であるリンチの木へと戻っていってしまう。十字架とリンチの木に何らかの関連性があることは察していたが、それをうまく表現することができなかった。やり場のない気持ちをこらえて、私はマルコ福音書のイエスの受難物語や、ボールドウィン、トニ・モリスン、またリチャード・ライトら作家の作品に深く身を沈めた。何か得られるのではないかと願いながら。それでも、言葉は一向に出てこなかった。

二〇〇六年、ハーバード神学校から招聘を受けた私は、インガーソル・レクチャーで講演を行うことになり、その題を「奇妙な果実——十字架とリンチの木」とした。そのときはまだ一文字も書けておらず、また何を語ればいいのかもわからなかったが、私は冒険に出たのだ。当時の原稿は、ペテロの言葉から始まる。「人々はイエスを木にかけて殺してしまいました」(使徒言行録一〇・三九)。ペテロはここで、イエスの十字架を公のリンチとして強烈に描写している。

それから私はカウンティー・カレンの詩、「再び十字架につけられたキリスト」(一九二二)について語ろうと決めた。この詩は彼がまだ一九歳だったころ、リンチの時代に書いたものだ。ハーレム・ルネッサンスから出た詩人であるカレンは、フレデリック・ダグラス・ジュニア・ハイスクールでジェイムズ・ボールドウィンを教えている。「南部はキリストを再び十字架につけている」という彼の言葉は印象的で、洞察に富み、無論誠実な宗教的主張である。白人が黒人たちをリンチするとき、彼らはキリストをリンチしていたのだ。カレンがわずか四行のソネットで書き表したことを、なぜ私はこれまで著作の中で明言しなかったのだろう。黒人のキリスト者たちはつねに、イエスが彼らと共に苦しんでいると信じてきた。イエス自身が苦しんだのだから。白人優越主義という四〇〇年にもおよぶ嵐を黒人が乗り切ることができたのは、このイエスを心に留めていたからである。それでも、私はカレンや他の黒人アーティストが言い放ったことを公言してこなかった。つまり、キリストとはリンチを受けた黒人の遺体であると。そのようなことが教会で語られたり、説教で触れられたりすることはなかった。敬虔と恐れが私たちの目を塞ぎ、木からぶら下がる黒人の体にキリストの体を見ることを妨げたのだ。カレンはメソジストの牧師の息子だったが、彼自身は宗教的な人間ではなかった。彼の鋭い洞察力とその澄み切った言葉の理由は、そんなところにあるのかもしれない。カレンはこう書く。

キリストの恐るべき罪とは、彼が黒い皮膚をしているということだ
それはどんな潔白さでも贖うことのできない罪
だが十字架の一様さが損なわれないために
人びとは彼を、いま、飢えた炎の舌で殺す

そして彼が燃えている間、善男善女たちもまた、
叫び、彼の黒く脆い骨を取り合い争う

カレンは宗教的敬虔と神学的虚言を剝ぎ取り、クリスチャンが目を背けてきた裸の真実を露わにする。リンチの木とはアメリカにおける十字架なのだ。

原稿の最後は、エイベル・ミーアポルが作詞し、ビリー・ホリデイが歌った「奇妙な果実」の記憶に残る演奏で締めくくられている。

南部の木になる奇妙な果実
Southern trees bear strange fruit
葉には血が、根にも血が
Blood on the leaves and blood at the root
黒い体が南部の風に揺られている
Black bodies swinging in the southern breeze,
ポプラの木からぶら下がる奇妙な果実
Strange fruit hanging from the poplar trees.

ホリデイもまたカレンと同様に、教会に熱心に通うタイプのクリスチャンではなかった。それゆえ彼女は、リンチが黒人の生に植えつけた恐怖の感情を躊躇なく表現できたのだ。彼女の魅力的な声は、黒人の体が南部の木に吊るされブラブラと揺れている情景を私に想像させた。

ハーバードでの講義と、その後の執筆に向けて気持ちは整った。ハーバードの知的環境は厳しいものであったが、それはあまり気にならなかった。それよりも私を捉えて離さなかったのは、ペテロの説教であり、カレンの詩であり、ホリデイの歌だった。アメリカ合衆国におけるリンチの木と十字架の意味について、彼らから何を学ぶことができるだろうか。いざ筆をとって書き始めてみると、自分から出てくる言葉の明瞭さと力強さに、私は驚くばかりだった。

『十字架とリンチの木』は、他のいかなる題材よりも私の思考と心、そして魂に重く響いた。何十年もの間、私は黒人の苦しみとキリスト教の福音との間にある矛盾と格闘し、それを本に記し、論文に仕立て、ユニオンの授業で教え、アメリカや世界を説教して回ってきた。それにもかかわらずリンチの木は、その矛盾をいっそう深め、私の信仰を揺さぶるようだ。

ハーバードでの講義からしばらくして、私はビル・モイヤーズの事務所から電話を受けた。彼のテレビ番組「ビル・モイヤーズ・ジャーナル」で、十字架とリンチの木をテーマに対話を持たないかとの誘いだった。私は当初、気が進まないでいた。テレビに出演するのは好みではなかったし、調査も思索もまだ道半ばで、本が出版されるまでにそれから五年も要するといった具合だったのだ。しかし今度はモイヤーズ本人が電話をくれ、すぐにでもインタビューをしたいとの旨を告げられた。「この国に向かってリンチと十字架について語っていただきたいのです。そしてそれをルイジアナ州ジーナで起こったことと関連づけてください」。当時、ニュースはその事件で持ちきりだった。ジーナという町の高校の校庭で、三本の縄が木にぶら下げられているのが発見され、緊張と怒りが高まった結果、黒人と白人の学生の間で対立が起こったのだ。ジーナ・シックスとは一〇代の黒人六人のことで、彼らは白人学生への暴行を理由に、第二級殺人未遂罪で告訴された。しかしその判決の背後には明らかに人種的な企図があり、世間の厳しい抗議を受け、単なる暴行罪へと減刑されることになったのだ。

それからすぐに、絞首刑用の縄がアメリカ全土で発見されるようになった。南部から北部まで、職場や警察署、カレッジ、そして大学にまで。ユニオンの向かいにあるコロンビア大学のティーチャーズカレッジでも、その縄は発見された。私はそれを見て、ユニオンに着いた日のことを思い起こしていた。誰かが私のオフィスの名札を「コーン博士」(Dr. Cone)から「クーン博士」(Dr. Coon)[ii]に書き替えていたのだ。誰にもそのことは話さなかったが、名札はすぐに改められ、二度とそのようなことは起こらなかった。

ビル・モイヤーズとの対話で、十字架とリンチの木がアメリカのクリスチャンと私にとって何を意味しているかということを、聴衆に、しかも大部分が白人であろう聴衆に向かって、説明できる自信はあまりなかった。しかしビル・モイヤーズに敬意を抱いていた私は、この挑戦を受けることにした。それは二〇〇七年の秋、ちょうどバラク・オバマがアメリカで初のアフリカ系アメリカ人として大統領に選出されようとしていたころ、オバマの“Yes, We Can”というメッセージとともに希望と変化への期待が高まっているときだった。しかし、あの絞首刑用の縄がもう一つのメッセージを発していたのだ。「早まるな！」

　モイヤーズとの対話を通して、[2]私は自分がアメリカに対して何を語りたいのかを知ることができた。それは、黒人の人間性を決定するのは、つまり黒人が人間であるのかそうでないのかを最終的に決定するのは、リンチではないということだった。ここに黒人の抵抗の救済的な意義がある。私たちはいまもここに存在し、抵抗している。黒人が闘い続ける限り、私たちの抵抗はリンチの木を贖うのだ。ミシシッピ州マニーにおけるエメット・ティルのリンチは公民権運動に火をつけ、バーミングハム教会における四人の少女の殺害は、アメリカ全土の黒人共同体を立ち上がらせたではないか。自由を得るまで白人優越主義と断固として闘うことを、彼らに決意させたではないか。

　アフリカ系アメリカ人はいかにしてリンチというテロ行為を生き延び、それに抵抗しながらも、同時に正気を保って互いを愛し、結ばれ、子どもたちを育て、彼らに愛と尊敬を教えることができたのか。この問いに、私は心を奪われていた。多くの黒人が精神的かつ霊的な健全さを失うことがなかったのは、神への信仰と自らへの信頼があったからだ。彼らはその健全さによって自分たちを愛することができただけでなく、憎しみをも拒むことができたのだ。ミシシッピが生んだ自由の闘士、ファニー・ルー・ヘイマーは正しかった。「ニグロが正気でいられたのは神がいたからです」[3]。白人はよくキリスト教を利用して黒人のリンチを正当化しようとするが、黒人は同じキリスト教の中に生存と抵抗のための源泉を見出す。

奴隷化、分離政策、そしてリンチを十字架が象徴していたにもかかわらず、なぜ黒人キリスト者は十字架に背を向けなかったのだろう。その答えは、十字架とリンチの木について深く考えることで明らかになる。たしかに、十字架が黒人の苦しみを軽くすることはなかった。それでも、十字架のゆえに生き延びることができた人びともいたのだ。これこそ黒人の生の深遠な逆説であり、このジレンマを解決する方法などない。それは私たちが共に生きねばならない大いなる傷なのだ。この世界が救われない限り、十字架はキリスト者としての条件であり続けるだろう。十字架とは解放を求めて闘う抑圧された人びとへの答えなのだ。それはイエスの福音の中心にとどまり続けるし、リンチの木となった十字架は、アメリカにおける黒人の生の中心にこれからも根を下ろすだろう。

この生涯を通して私は、白人が支配する社会における白人教会の偽善と不実を指摘し、同時に、被抑圧者の経験と声を引き出し、彼らを励まそうと努力してきた。何かを書く際に土台となったのは、分離されたアーカンソーでアフリカ系アメリカ人として育った経験であり、キリスト教の福音の真の力とは被抑圧者の解放への召命と、抑圧者への容赦ない批判にあるという深い神学的信念である。

殉教したエルサルバドルの神学者イグナシオ・エラクリアが「歴史において十字架につけられた人びと」と呼んだ者たち、彼らのために私は書く。忘れ去られた者、虐待されている者、周縁に置かれた者、軽蔑されている者のために。一文無しで、職も土地も持たず、政治的にも社会的にも力を持たない人びとのために。ゲイ、レズビアン、バイセクシュアル、そしてトランスジェンダーの人びとのために。アメリカの国境を目の前にしながら足止めされた移民の人びと、この国の農地で惨めに汗を流すビザを持たない労働者たちのために。ガザ地区、ヨルダン川西岸、東エルサレムのパレスチナ人のために。イラクやアフガニスタン、シリアで戦争の暴力に晒されながら生活するイスラム教徒や難民のために。そして人間であることを守ろうとしているすべての人びとのために。私の神学は彼らのためにあるのだ。アメリカ人、特にクリスチャンと神学者は、十字架にリンチの木を、リンチの木に十字架を見ることができる目を持たなければならない。リンチの木からぶら下がる「十字架につけられた」黒人の体の内に、キリストを見ることができるか。それが可能になるまでは、アメリカにおけるキリスト教の意義に対して真の理解が生まれることはないし、奴隷制と白人優越主義という血にまみれた遺産から私たちが自由になることは決してないのだ。

イエスの時代のローマ帝国による十字架刑の歴史的実践とリンチとの類似性は、両者の調査を重ねていく中でいっそう明白になり、それは私にとって衝撃的でさえあった。十字架は単なる死刑遂行の方法ではなかったのだ。それは恐怖による支配の道具であって、ローマ帝国の権力に反抗する者に対しての警告を意図していた。同じようにリンチの木もまた、その犠牲者に課せられた残酷な刑罰のみを意味していたのではない。それはすべての黒人に対して発せられた警告であり、白人優越主義が有している力の誇示であった。白人は罪に問われることなく、いつでも好きなときに黒人を傷つけることができる。五〇〇〇人近くのアフリカ系アメリカ人が南北戦争後にリンチされ、取り残された家族は喪失感と闘うことを余儀なくされた。父親や母親、兄弟姉妹、叔父や叔母、甥や姪、いとこや友人、そして愛する者、そんな人びとが木に吊るされ、原形をとどめないまでに焼かれ、その遺体の断片が土産として配られる。リンチされたのは一人かもしれないが、そのメッセージはすべての黒人に向けられていたのだ。リンチの木の恐怖から逃れうる黒人は一人としていなかった。

　死の恐怖を隣にひたひたと感じながら生きるのは簡単なことではない。アーカンソーで育った私は、その経験からリンチが何であるかを多少なりとも知っていた。両親がリンチの記憶やその脅威と向き合ってきたのを見ていたし、そのことを家族でよく話し合った。しかしその後、リンチに関する文献を読み、史料を精査し、毎日のようにビリー・ホリデイの「奇妙な果実」を聴き、ジェイムズ・ボールドウィンの「ニグロが木に吊るされているあの写真」[4]や「葉から血が滴り落ち、目玉はえぐり取られ、性器はナイフで引き裂かれズタズタにされている」[5]といった言葉と出会う中で、私もまた「南部の風に揺られる黒い体」の一つとなっていたかもしれないという思いが頭から離れなくなった。父親も、兄弟も、そして母親ですら、あの「ポプラの木からぶら下がる奇妙な果実」の一つとなっていたかもしれない。そんな悪夢のような可能性に、私は身震いせずにはおれなかった。

　ボールドウィンは次のように書いている。「性別不明の黒人が木に吊るされているのを、南部は幾度見つけたのだろうか？[6]」それは私の存在の根源を揺さぶり、キリスト者としてのアイデンティティを混乱させた。それゆえ『十字架とリンチの木』は、これまでのどの書物よりも苦しみに、「とても古く、深く、そして黒い痛み[7]」に貫かれた作品となった。リンチの恐怖は血の一部となって、私の体内を流れている。リンチの夢を見ることさえあるのだ。それでも――奇妙な矛盾に見えるかもしれないが――多くの黒人がそんな中で正気を保つことができた理由は、自分の姿を十字架の上に、イエスが残酷にも磔《はりつけ》にされたあの十字架の上に、見出したからなのだ。神がイエスと共におられたのなら、私たちとも神は共におられる。なぜなら私たちもまた十字架の上にいるのだから。これがイエスの十字架に対する彼らの信仰であり、情熱を込めて「イエスよ、私を十字架のかげに」を歌った理由なのだ。

　しかし、もう一つ考えなければならない問いがある。なぜ白人は、イエスの十字架によって自らが救われたという信仰を主張するにもかかわらず、そこから目を背け、黒人を木に吊るして殺すのだろう。驚くべき矛盾は黒人と白人、この二つの共同体が、両者ともキリスト教を、同じ信仰を受け入れているということである。教会の敷地でリンチを行った白人もいるほどだ。なぜそのようなことが可能なのか。

その答えの一部は、不幸な事実に見出すことができる。二〇〇〇年におよぶキリスト教史の過程において、救済の象徴だった十字架は、その時々の人間の苦しみや抑圧、歴史の中で十字架につけられてきた人びとから引き離されてしまったのだ。十字架は、クリスチャンが首からぶら下げる無害で当たり障りのないネックレスへと変容した。それはイエスの弟子となることの代価を思い起こさせる代わりに、ドイツ人の神学者で殉教したディートリッヒ・ボンヘッファーが言うところの「安価な恵み」へと成り下がってしまったのだ。キリストのメッセージと彼の使命の力に向き合うことなく得られる救いは、安価な救いに過ぎない。

『十字架とリンチの木』の中には、ラインホルド・ニーバーを扱った章がある。二〇世紀アメリカにおけるもっとも重要なキリスト教社会倫理学者であるニーバーは、黒人の抑圧に目を向けなかったばかりか、暗黙のうちにそれに加担していた。他の白人神学者と同じようにニーバーの神学の中で、奴隷制、分離政策、そしてリンチといったテーマが取り上げられることは稀である。彼は、白人植民者によって征服された「劣った」人種への共感をあまり示さず、アングロサクソン民族が入植するまで、北アメリカは少数の先住民が原始的な文化の中で生活するだけの処女大陸であったと主張した。ニーバーにとってアメリカとは、その帝国を拡大するよう神から運命づけられた地であり、反対にパレスチナのアラブ人や第三世界の有色人種はアメリカの先住民と何ら変わらない存在なのだ。つまり植民地主義は道徳的正当性を得ることとなる。

四人の少女が殺された一九六三年九月のバーミングハム第一六番通りバプテスト教会爆破事件の直後、ニーバーとボールドウィンはラジオで討論している。ニーバーの中立的で穏便な態度は、ボールドウィンを激怒させた。ボールドウィンはこう発言している。

> 現下のこの国でキリスト教、もしくはこの国を信じている唯一の人びとは、もっとも軽蔑されている少数者である。……ここで奴隷であった人びと、もっとも鞭打たれ、軽蔑された人びとが、……この瞬間に……この国が持っている唯一の希望であるとは、皮肉なことだ。他にはいないのだ。ヨーロッパの末裔の誰にも、ニグロがいまなそうとしていることをなすことができそうには思えないし、その課題を自らに引き受けているとも思われない。これは愛国心的、および人種的見解から言っているのではない。おそらくこれは生の本質と何らかの関係があるのだろう。われわれ人間は極限状態の中でしか、真に何によって生きるのかを発見できないからだ。それに対して大抵のアメリカ人は、かくも長い間守られ、眠っていたので、もはや自分たちが何によって生きているのかを真剣に考えることをしなくなっているのである。おそらく、彼らは真面目に、それはコカコーラであろうと思っているのではないか。[8]

ミシェル・アレクサンダーはリンチと同様のことが今日の産獄複合体[iii]において起こっていることを示し、それを「新しいジム・クロウ」[9]と名付けた。人びとをリンチする方法は一つではない。彼らを刑務所へ放り込むことで、また狂犬でも撃ち殺すかのように警察が彼らに銃を向けることで、リンチは続くのである。サウスカロライナ州チャールストンにおけるウォルター・スコットの殺害（二〇一五年）、ルイジアナ州バトンルージュにおけるアルトン・スターリングの殺害（二〇一六年）、ミネソタ州セントポールにおけるフィランド・カスティールの殺害（二〇一六年）、そして二一世紀のアメリカにおいてリンチと隣り合わせで生きている大勢の黒人の男性、女性、そして子どもたち。私たちの知らぬ名がまだ多くあるだろう。アフリカ系アメリカ人は、あとどれだけの間、白人優越主義の暴力に晒されながら生きねばならないのか？

「そう長くはない」とマーティン・ルーサー・キング・ジュニアは答えた。セルマからモンゴメリーへ行進（一九六六年）した直後の演説でのことだ。[10]「あとどれだけの間、正義は十字架につけられ、真理はそれに耐えねばならないのか？……いつまで続くのか？　そう長くはない、なぜなら道徳的領域の描く弧は長くても、それは正義に向かって曲がっているからだ」。しかし講演から数年後、彼は絶望の淵にいた。激化するアメリカのベトナム戦争への関与、悪化する貧困、そして終わりの見えない白人優越主義。絶望は近かった。「奴らは私の夢を、悪夢に変えてしまった」。彼のこの嘆きは、まるで非暴力主義をまとったマルコムＸのように響く。

『十字架とリンチの木』は次の人びとに触発されながら執筆した。黒人と彼らの信仰、マーティン・ルーサー・キング・ジュニアやマルコムXなどの戦闘的な聖職者、アイダ・B・ウェルズやファニー・ルー・ヘイマーなどのアクティビスト、ジェイムズ・ボールドウィンやトニ・モリスン、リチャード・ライトなどの作家、そして私が若いころに聴いていた偉大なブルースのミュージシャンたち。聖職者、活動家、芸術家、これらの人びとに見出される人間らしくあろうとすることの決意に、私は畏怖の念を抱かずにはおれなかった。勝利する見込みが限りなく薄い中で、彼らはそれでも正義のために闘ったのだ。またごく一般の黒人にとって大きな抵抗の武器となったのは、彼らの音楽と信仰だった。詩人や作家の言葉、ブルースシンガーの歌があったからこそ、多くの黒人は自らの生が投げ込まれた厳しい現実と向き合い、その運命と苦しみに抗い、与えられた命を力の限り生き抜くことができたのだ。彼らを通して私は、黒人の苦しみに応答するさまざまな方法を学んだ。

キリスト者となることは、黒人となることとどこか似ている。それは逆説であり、多くの不調和を抱えた大いなる矛盾である。黒人として育ってみるといい。人は否応なく次の問いに迫られるはずだ。なぜ白人は、私をあたかも人間ではない存在のように扱うのか。その答えは簡単に見つかるものではない。子どもであればなおさらだろう。しかし私は、この過酷な現実を学ぶとともに、両親にこう教えられてきた。「彼らの憎しみを真似してはいけない」。

なぜなら、ボールドウィンが書いたように、「憎しみは担ぐには重すぎる荷物である」[11]から。黒人が残忍性を超越し、自らの悲劇的な生の中に真の美しさを見出すことができたのは、私の両親が示したような信仰によって内的な力を得ていたからである。それは深遠な謎なのだ。つまり、なぜここまで多くのアフリカ系アメリカ人が、二世紀半の奴隷状態とそれから一世紀のリンチとジム・クロウ分離政策を経たのちに、それでもなお、憎しみに支配されることを拒否し得たのか。それを誰よりも明確に体現したのは「エマニュエル・ナイン」の家族である。サウスカロライナ州チャールストンの教会で、バイブルスタディーの最中に九人の黒人クリスチャンが殺害されるという事件があった。白人の若者、ディラン・ルーフによる冷酷な銃乱射事件だ。しかし愛する者を奪われた被害者家族は、ディランを赦したのだ。これを宗教的な偉業と呼ばずに何と呼んだらいいのか。

多くの白人、また黒人が、彼らの赦しに困惑を覚えていた。人間的な観点からは、この行為はひどく逸脱したものに見える。しかし赦しとは、弱さでも無抵抗の態度でもない。それは霊的な抵抗であり、憎しみへの反逆なのだ。ディラン・ルーフが望んだように自らの憎悪を他の者へと伝染させること、それを被害者家族は拒否した。「人は自分が憎んでいるものになる」[12]とボールドウィンはいみじくも述べている。同時に彼に言わせると、「自分を憎む者を憎まないでいるためには、多大な霊的抵抗を要する」[13]のだ。イエスは十字架の上から、その模範を示した。「父よ、彼らをお赦しください。自分が何をしているのか知らないのです」（ルカ二三・三四)。このイエスの言葉によってどれだけ多くの黒人キリスト者が、彼に倣って行動するよう勇気づけられたことか。マーティン・ルーサー・キング・ジュニアが非暴力を説き、それを実践できたのも、ここに理由がある。愛によって白人優越主義に抵抗するのだ。イエスの十字架への信仰から引き出された愛と赦しを土台に、キングはアメリカ史上もっとも改革的な社会運動を創り出した。「父よ、わたしの霊を御手にゆだねます」(ルカ二三・四六)という十字架上のイエスの叫びは、決して受動的な嘆きではなく、彼がマタイ福音書で放った言葉の実践なのである。「体は殺しても、魂を殺すことのできない者どもを恐れるな」(マタイ一〇・二八)。抵抗を生み出す黒人の霊性は、白人優越主義によって破壊されることはない。それは黒人史に脈々と根づく超越的な力なのであり、今日もさまざまな場においてそれは顕現している。エマニュエル・ナインの親族だけでなく、ブラック・ライヴス・マター[iv]運動に関わる人びと、そして道端で黒人が殺されていくことに抗議して、国歌の最中に起立することを拒否した黒人のナショナル・フットボール・リーグの選手にまで。

十字架が逆説的な宗教的象徴となるのは、それがこの世の価値体系を反転させるからである。打ち負かされることから希望は生まれ、苦しみと死は最後の言葉にあらず、後にいる者が先になり、先にいる者が後になる。世俗の知識人はこのような理屈に合わない考えを退けるが、それは黒人民衆の霊的生活においては全《まった》き現実なのだ。拷問を受け、リンチを受けた多くの黒人にとって、十字架につけられたキリストは彼らの生の大いなる矛盾の内に現在する神の愛と解放のしるしとなる。黒人キリスト教徒が、その苦しみと痛みの大きさにかかわらず究極的には「この世の艱難」に屈しないと信じることができたのは、イエスの十字架があったからなのだ。力を剥ぎ取られた無力な人びとにしか、このような非合理的な信仰告白は理解できない。十字架とは、神による（白人の）権力批判である。神は無力な愛でもって、敗北の瀬戸際から勝利を奪い取るのだ。

現代のクリスチャンは、十字架を当たり障りのない宗教的象徴や、家や教会に飾る装飾品としてしまった。そんな彼らは十字架の意味を誤解している。神はゴルゴタのイエスにおいて啓示された。されこうべの丘と呼ばれた地に建てられた十字架上のイエスにおいて、ローマ帝国に対する反逆者や犯罪人が処刑された十字架上のイエスにおいて、神は啓示されたのだ。この意味を真に理解するためには、リンチの木を通して十字架を見なければならない。十字架はリンチの木を必要とするのだ。リンチの木はアメリカにおける十字架なのだから。エルサレムでイエスの身に降りかかったこと、それは、アーカンソーやミシシッピ、ケンタッキーの黒人に降りかかったことなのである。リンチを受けた黒人の遺体はイエスの遺体の象徴であり、今日のアメリカで十字架が意味することを知りたければ、私たちは刑事司法制度によって命を奪われた黒人の遺体の断片を通してそれを見なければならない。イエスは、いまも私たちの目の前でリンチを受け続けている。人びとが苦難の中にいるとき、そこがいかなる場であれ、イエスは十字架につけられているのだ。キリストは黒人であると私が主張するのは、そのためである。
十字架の力を言葉で適切に言い表すことは難しい。しかしその力を生きるなら、その真理は自ずと明らかになる。十字架の信仰は現実を変える力を持っているのだ。権利を求めて闘う黒人キリスト者、特に公民権運動の闘士の内に、私はその力を何度も目撃してきた。彼らは、自らが国家の敵であること、銃や戦車は自分たちを守っているのではないことを知っていた。いつ殺されても不思議ではないことを自覚していた彼らのうちの多くは、遺言を書いたのだ。それでも彼らが闘うことができたのは、あの正義の瞬間において彼らが出会った超越的な現実が、その敵よりもはるかに力に満ちていたからに他ならない。

ジェイムズ・ボールドウィンが言う「最悪の発見」を克服するため、彼らは信仰の力を必要とした。「最悪の発見……それは、社会が私をニガーのように扱い、私をその中の一人として考えるだけではなく、私自身がそれを信じてしまうこと。つまり白人が自分について言うことを信じてしまうこと」。彼は続ける、「自分自身について教えられてきたすべての汚物をすっかり吐き出してしまうまでに何年も（かかった）……この地上を、あたかもここにいる権利があるかのような顔をして歩けるようになるまでに」[14]。

ボールドウィンや他の多くの黒人とは違い、私には白人になりたいと願った記憶がない。私はビアーデンのマセドニアAME教会にあって、黒人であることは非常に美しいことだと信じていた。母親や父親、そしてアーカンソーの胸を張った黒人たちが、身をもって黒人であるとは何かを示してくれていたのだ。私の共同体に根づいた愛の現実は強靭かつ具体的で、私は黒人であることを心から愛していた。両親や他の黒人たちが示した霊的価値は、黒人を憎む白人世界の物質的豊かさよりも、よほど得がたく思えたものだ。黒人の音楽と踊り、黒人の愛の形、抱擁、キス、黒人の説教と賛美、これら黒人としてのすべてが、私にとっては白人のそれよりもずっと魅力的で感動的だった。

黒人であることの美しさは至るところに存在した。ジョー・ルイスがその腕力で優雅にマックス・シュメリングをノックアウトしたとき。ジェシー・オーエンスが、ヒトラーの憎悪とドイツ的白人優越主義の面前で、黒人としての誇りを胸にトラックを駆け抜けたとき。ジャッキー・ロビンソンとウィリー・メイズがヒットを放ってベースに滑り込み、白球をキャッチし、野球場を芸術作品に変えたとき。黒人はあらゆるところに黒人としての刻印を刻み込み、それを芸術作品とすることができた。ハーレム・グローブトロッターズのグース・テイタムとマルケス・ヘインズのドリブルとシュート、世界中のバスケットボールファンを熱狂させた彼らは、驚くほど優美でこれ以上なく黒かった。ビアーデンで過ごした子ども時代、黒人であることを愛する理由はいくらでも見つかった。黒人が集まるジューク・ジョイントやダンスホールでは、B・B・キングやマディー・ウォーターズのブルースに合わせて、彼らの黒い体はスィングし揺れていたし、教会では、シスター・オラ・ウォレスが「私は建物を建てる」を歌い、母親のルーシー・コーンが声をあげて「この私の小さな光」を歌っていた。黒人の笑い方や楽しみ方、歩いたり話したりするときの黒人のスタイル、ビアーデンは黒人の美しさで満ち溢れていたのだ。子ども時代を過ごすには、そんなビアーデンが最適な場所だったのだろう。黒人であることの美しさを知っていたからこそ、私は正気でいることができたのだし、自分が人間であると信じることができたのだ。

アーカンソーや大学院では仮面を被ることを学んでいたが、過去五十数年間、私はその仮面をどうにか捨て去ろうと努力してきた。また他のアフリカ系アメリカ人にもそうするようにと励ましてきた。演じるのをやめ、自らの奥深くにある泉に触れてみよう。その泉は私たちを自由にする。さあ精一杯、はっきりと、力強く、そして誠実に自分を表現しようではないか。

私は、声を持たない人びとのために言葉を書くことの必要性を深く感じてきた。マーティン・ルーサー・キング・ジュニアは彼らのことを「チャンスという日差しの外に置かれた」人びとと呼んだ。もし私の言葉に熱情があるとすれば、それは奴隷制やジム・クロウ分離政策、そしてリンチを生き延び、またそれに対して抵抗したアフリカ系アメリカ人の信仰と勇気に対して誠実であろうとしたがゆえである。道端で、刑務所で、教会ですら、アメリカのあらゆる裏道でいまも流されている黒人の血に対して、私はできうる限りの証しを立てたかった。

「書くことは祈りの一つである」とフランツ・カフカは彼の日記に書いたが、『十字架とリンチの木』もまた私の祈りである。黒人を背に負った神への祈り。約四世紀におよぶ彼らの苦しみが、私たちの子や孫にとっての贖いとなりますように。彼らがその悲劇的な過去の中に美しさを見出すことができますように。その美しさが彼らの力となり、白人優越主義の暴力に立ち向かうことができますように。この私の希望は、「ブラック・ライヴス・マター」運動によって部分的にではあるが成就した。また私は、白人の無知が贖われ、彼らが自らの振る舞いの暴力性に対し目が開かれるようにと願っている。そうすれば彼らは、字義的にも象徴的にも、私たちが一つの血でつながっている兄弟姉妹なのだと知るだろうし、彼らが黒人に対して行っていることは、自らへも向けられていることなのだと悟るだろう。

神の恵みと私たちの闘いによって、私たちが互いを分離させている偏見を乗り越え、あらゆる人種とあらゆる宗教の信仰者が一つとなって、神の家族となることを願おうではないか。神は、私たちをそのような存在として創造されたのだから。

注

1 James H. Cone, "Strange Fruit: The Cross and the Lynching Tree," *Harvard Divinity School Bulletin* 35, no. 1 (Winter 2007): 45–55.

2 Bill Moyers, *Bill Moyers Journal: The Conversation Continues* (New York: New Press, 2011), 316–27. ビル・モイヤーズとの対話はYouTubeで視聴可能。ハーバードでの講義は次のリンクも参照。www.hds.havard.edu/news/ events_online/igersoll_2006.html.

3 以下に引用がある。David Chappell, *A Stone of Hope: Prophetic Religion and the Death of Jim Crow* (Chapel Hill: University of North Carolina Press, 2004), 74.

4 James Baldwin, "A Fly in Buttermilk," in *Collected Essays*, ed. Toni Morrison (New York: Library of America, 1998), 187.（『次は火だ——ボールドウィン評論集』黒川欣映訳、一九六八年、弘文堂、一八一頁）

5 Baldwin, "Alas, Poor Richard," in *Collected Essays*, 266.（『次は火だ』三一五頁）

6 Baldwin, "Nobody Knows My Name: A Letter from the South," in *Collected Essays*, 204.（『次は火だ』二〇九頁）

7 Baldwin, "Down at the Cross," in *Collected Essays*, 323.（『次は火だ』五三頁）

8 以下に引用がある。James H. Cone, *The Cross and the Lynching Tree* (Maryknoll, NY: Orbis books, 2011), 54.（『十字架とリンチの木』梶原壽訳、二〇一四年、日本キリスト教団出版局、九八―九九頁）

9 Michelle Alexander, *The New Jim Crow* (New York: New Press, 2012).

10 このキングの講演は"Our God Is Marching On!"である。以下を参照のこと。*A Testament of Hope: The Essential Writings of Martin Luther King, Jr.*, ed. James M. Washington (New York: Harper & Row, 1986), 227–30.

11 Baldwin, "The Fire Next Time," in *Collected Essays*, 343.（『次は火だ』八五頁）

12 Baldwin, *Conversations*, 238.

13 Baldwin, "The Fire Next Time," 343.（『次は火だ』八五頁）

14 以下に引用がある。Fern Marja Eckman, *The Furious Passage of James Baldwin* (New York: M. Evans, 1966), 79, 154.

訳注

i 一九二〇年代から三〇年代にかけて、ニューヨーク、ハーレム地区で興隆したアフリカ系アメリカ人による文化運動。南北戦争後、南部から移住してきた黒人が中心となり、ジャズや舞台、文学などの芸術文化が花開いた。

ii 黒人の蔑称。奴隷が売られる際に入れられた檻、baracoon に由来。

iii アメリカにおいて一九八〇年代中頃から拡大した刑務所の民営化に伴い、企業が刑務所を産業化し、そこから利益を得ること。ミシェル・アレクサンダーが新しいジム・クロウと呼ぶ、黒人をはじめとするマイノリティ・グループの大量投獄（Mass Incarceration）と補完的な関係にある。

iv 二〇一三年、当時一七歳だった黒人のトレイヴォン・マーティンが白人警官に射殺された事件を発端に生まれた運動。警察による黒人への構造的、直接的な暴力への抗議を展開。その後ＳＮＳなどを通して運動は拡大し、二〇一六年の大統領選挙の際は黒人の若者を中心に大きな影響力を持った。Black Lives Matter は「黒人の命は大切である」と通常訳されている。本書では、他にも「黒人の命は重い」と訳した。

James Boldwin

ジェイムズ・ボールドウィン

I Started Singin' and Shoutin'

7 歌が始まり、声が響き渡る

——ボールドウィンから学ぶ

「もし（神の）愛がそれほど大きいものであったならば、そしてもし神がそのすべての子どもたちを愛していたのだとすれば、なぜ私たち黒人は、これまで失望のうちに取り残されてきたのか？[1]」誰にでも理解できる率直な問いだろう。二〇世紀におけるもっとも偉大な預言者の一人であるジェイムズ・ボールドウィンは、奴隷解放宣言の一〇〇年後にこう問うた。私もまた、これまで幾度となくこの問いと相対したが、いまだ答えを見つけられないでいる。ソウルシンガーのマーヴィン・ゲイは、ベトナム戦争とアメリカの社会的不安のただ中でいみじくも歌っている。“What's going on?”（何が起こっているの？）この問いは現代もなお有効なのだ。

母さん、母さん
Mother, mother
あまりにも多くのあなたが泣いている
There's too many of you crying
ブラザー、ブラザー、ブラザー
Brother, brother, brother
あまりにも多くの君が死んでいく[i]
There's too many of you dying

私たちは「叫びたくもなる」[ii]のだ。何が起こっているのですか？　主よ、あとどれだけの間、私たちは問わなければならないのですか？

私と同じように説教者となるよう育てられたボールドウィンは、肌身を通して黒人の宗教体験を理解していた。『山にのぼりて告げよ』を読めば、ジェイムズ・ボールドウィンにとって神が現実であったことは疑い得ない。彼は「脱穀場」に一晩中いて、聖者の祈りの助けを借りて「炎をくぐり抜け」[2]、愛の福音を世界に向かって説教するために立ち上がり、神の家を旅立ったのだ。しかし彼は教会で説教することはできなかった。そこは偽善的で、自分を神聖に保つことに囚われるあまり、自らの敬虔以外に目を向けることができないでいるからだ。

イエスが神殿を去ったようにボールドウィンは教会を離れ、イエスがそうしたように、罪人や娼婦、疎外された者、重罪人の仲間となった。「クリスチャンに欠けていると思われるのは」と、ボールドウィンはマーガレット・ミードに語っている。「彼らが救い主と呼ぶ人物と自らを関連づけることです。結局のところ、生きている間のイエスの評判は悪かったのだし、その上彼は、ローマ人の手で殺されたのです……皆それを忘れている」[3]。

しかしボールドウィンがこれを忘れることはなかった。彼はエッセイや小説でこの「評判の悪いヘブライ人の犯罪者」について書き、世界教会協議会（WCC）では講演も行った。その三ヵ月前に暗殺されたマーティン・ルーサー・キング・ジュニアの代わりに、ボールドウィンはWCCの会合に出席していた[4]。ミードとの対話は続く。「宗教についての問いを……私はつねに考えてきました。ですから私の場合は、道徳的人間となるために、徴税人や罪人、娼婦や薬物常習者とつるみ、神殿からは距離を置かねばならなかったのです。どうせ神殿では嘘しか教えてもらえないのですから」。ミードは頷きながら返答する。「それこそ、まさしくイエスが行ったことですよね」。「そうです」ボールドウィンは同意する。「その意味においてのみ、私はキリスト者と呼ばれることができるのです」[5]。

嘘と自己嫌悪はボールドウィンを教会から追放し、同じ嘘と自己嫌悪に阻まれた私は、教会組織の中心へと向かうことができなかった。教会にも神学にも見出せなかった黒人の苦難という問いの答えを求めて、私はボールドウィンの著作を手に取り貪り読んだ。彼の雄弁とガリラヤからやってきた「太陽に焼けた」「ユダヤ人の犯罪者」[6]についての宗教的洞察、そして容赦ない教会批判、私は彼の虜になった。彼ほどに響いてくる作家は他にいなかったのだ。

ジェイムズ・アーサー・ボールドウィンは、ニューヨークのハーレム病院で一九二四年八月二日に産まれた。マルコムXが産まれる一年前、マーティン・ルーサー・キング・ジュニアが産まれる五年前のことだった。彼は、ムミア・アブ＝ジャマールが言ったように、正義を求める「言葉の戦士」[7]であり、アミリ・バラカがボールドウィンの追悼集で述べているように「神の黒い革命的な口」[8]であった。また、ボールドウィンの伝記を書いたW・J・ウェザビーは、彼を「火のついた芸術家」[9]と呼ぶ。ある作家が「文学的な水準において『マルコムX自伝』に匹敵する」[10]と書いたボールドウィンの長編エッセイ『次は火だ』は、一〇〇万部以上を売り上げ、アメリカ議会図書館は同書を、アメリカに衝撃を与えた八八冊の中の一冊として選出している（その中にはマルコムXの自伝も含まれている）。数あるボールドウィンの著作の中で一冊だけ読むとしたら、『次は火だ』だろう。それはアメリカに向けた説教集である。初出は「私の精神のある領域からの手紙」という題のもと『ニューヨーカー』誌上で掲載され（一九六二年一一月）、その後、「甥への手紙」（同エッセイは『プログレッシブ』誌で一九六二年一二月に初出）と共に書籍となって出版された。ボールドウィンはこれらのエッセイで、神や苦しみ、そしてアメリカといった課題に取り組んだ。

ボールドウィンは、自らの書簡を不可能な要求で締めくくる。もっともそれは、彼に言わせると「人が要求しうる最低限のこと」[11]なのだが。時はもう残されていないのだ。裁きがアメリカに下ろうとしている。「比較的意識のある白人と比較的意識のある黒人は……恋人同士のようになって、他の人々に問題意識を持つようにと促し、それを彼らの中に築き上げなければならない……もし私たちがためらわずにその義務を果たすなら」と彼は続ける。「私たちは、この一握りの私たちは、人種問題という悪夢を終わらせることができるかもしれない」。もちろんボールドウィンが予期していた破滅を垣間見てしまうと、私たちは「人間という種族に対し殺伐とした気持ちになって」しまうだろう。それでも、彼の人間への信頼は、彼を失望へと追いやることはなかった。ボールドウィンは『次は火だ』の出版直後に述べている。「失望することは罪なのだ」。だがアメリカ、黒人、白人、そして人類への彼の希望は、楽観主義と混同されるべきではない。それは張りつめた希望であり、悪夢の到来が迫る中で、なおその場に踏みとどまることによって生ずる希望なのだ。ボールドウィンは自身を「エレミヤのような[12]」者として捉えていた。差し迫った破滅を預言し、しかし人びとには聞かれることのなかったあのエレミヤ。一九六二年、アメリカ中の諸都市（バーミングハム、ワッツ、ニューヨーク、ニューアーク、デトロイト）に急速に飛び火することになる暴動よりも前に、ボールドウィンは次のように嘆願している。アメリカはすでに警告を受けていたのだ。「もしいま、私たちが勇気を持ってあらゆることを試みなければ、ある奴隷が聖書から書き直して歌としたあの預言が成就されるであろう。神はノアに虹のしるしを与えたもうた。もはや水はない、次は火だ[13]!」

古代イスラエル人がエレミヤの預言を無視したのとまったく同じように、アメリカはボールドウィンに耳を貸さなかった。ただここで特筆すべき例外は、トラピスト会の修道士、トーマス・マートンだろう。のちに『破滅の種』というタイトルで出版されることとなるボールドウィンへの手紙の中で、マートンはこう記している。「あなたの書いていることは一言一句核心をついています。誇張はどこにもなく、あなたは自身が書いていることを完全に理解されているようです……」。マートンはまた『次は火だ』の宗教的な側面を正しく看破した。「私が思うに、あなたの考え方の根本は宗教的なものであり、それゆえに紋切り型の信仰というものに抗せねばならなかったのでしょう[14]」。もちろん、マートンの『次は火だ』の読み方に異論がなかったわけではない。著名な宗教史家のマーティン・E・マーティーは、マートンの容赦ない「白人リベラル」批判に強く反発し、『破壊の種』における暴力の予言を退けた。「マートンは、ジェイムズ・ボールドウィンのスタイルとムードをただ真似ているようだ……そのボールドウィンは歴史のほとんどを読み違えているというのに」とマーティーは書いている。しかしそれから三年後、ニューアークとデトロイトで起こった暴動によって、マーティーはその意見を修正せざるを得なくなったのだ。彼はマートンへ謝罪し、こう訂正している。「いまになってようやく、あなたが『物事をありのままに伝えて』いたのであって、『白いジェイムズ・ボールドウィンになろうと』したのではなかったということが理解できました」[15]。

ニューアークで二七人、そしてデトロイトで四三人の命を奪うこととなった一九六七年七月の都市部での暴動について内省していた私は、ボールドウィンの『次は火だ』を再び手に取り、自分の内に赤々と燃えていた炎と向き合った。『マルコムX自伝』を読み直したのも、そのころだ。アメリカで誰よりも怒りに燃えるニグロと呼ばれていたマルコムの言葉は、そのときはまだ表現できないでいた私の内に燃える黒人性や怒りに、直接語りかけてきた。私はアメリカで誰よりも怒った黒人神学者だったのだ！　また、キリスト教から導き出された愛の福音への熱情で燃え盛っているようなマーティン・キングの説教が、私のキリスト者としてのアイデンティティに共鳴した。彼らについて考えていると、大学院で読んだ教科書などすべてどこかへ吹き飛んでいってしまうようだった。いかにしてマルコムのような黒人としての炎を燃やしながら、同時にマーティンのような愛への熱情を胸に、何かを書くことができるのだろうか？　その答えはジェイムズ・ボールドウィンにあった。私はボールドウィンの内に、マルコムとマーティンの最良の部分、つまり黒人性と愛を見出したのだ。白人優越主義の不条理と絶え間ない支配のただ中にあって、正義と希望を求めることから生まれた黒人性と愛。ニグロがブルースを創り出さねばならなかった理由は想像に難くない。そしてその意味をボールドウィンのように説明できる者は誰もいなかった。「単純に、ブルースを歌わないでいることなんて不可能なのだ……ニグロが生きた生がこれほどまでに過酷で、妨げられている時は」[16]。一九六〇年代における都市部の惨劇の意味をどうにか理解しようと葛藤していた私は、ボールドウィンに助けられながら、神学的なブルースを『黒人神学とブラック・パワー』で歌うことができた。あれは私のブルースだった。

苦しみについてのボールドウィンの洞察によって、私は黒人民衆の中に生きる宗教伝統に立ち返ることができた。アーカンソーで私を育てたのは、この黒人の信仰なのだ。神学校時代は、宗教的ルーツへの負い目から、バルトやティリッヒ、ニーバーらヨーロッパの神学者たちばかりに目を向けていた。しかし私が育った伝統からかけ離れた彼らの神学に、心から共感できたことなど一度もなかった。それどころか、私は彼らにどこか知らない土地へ連れ去られてしまったようにさえ感じていた。彼らは私の感じていた実存的な痛みや、私が受け継いだ苦しみに対して語りかける言葉を持っていなかった。

デトロイトの暴動は私の存在基盤に衝撃を与え、それから八ヵ月後のキングの暗殺で怒りは頂点に達した。そんなときに読む白人の神学は、アフリカ人の芸術家であるチヌア・アチェベが言う「脱臭された犬のフンの一つに過ぎない」ものでしかなかった。「芸術のための芸術」というヨーロッパの概念について省察する中で、アチェベはこう書いている。「私たちにとって芸術は贅沢品ではない。私たちは新しいもの（人間性）を作り出そうとしているのだから、それは生と死に関わる問題なのだ」[17]。私にとって黒人神学とはまさにその類の営みであり、その神学的な師こそボールドウィンだった。

二〇一一年、私はセント・ジョン・ディヴァイン大聖堂でジェイムズ・ボールドウィンについて講演するよう招きを受けた。ボールドウィンの名が同聖堂の「ポエット・コーナー」に加えられるのを記念した講演だという。何から語り始めていいかわからないまま、私は口を開いた。「彼は多くのことを私たちに与えました。老若男女、黒人、白人、あらゆる人種と国籍、ジェンダーと性的指向の人びとに、アメリカだけではなく、世界中の人びとに。誰もが彼から何かを学ぶことができるようです。二〇世紀のアメリカにおいて、もっとも偉大な随筆家の一人として彼が残したものもあるでしょうし、広く影響を与えた小説家や劇作家としての遺産もあります。……ボールドウィンの作品に触れた者は誰でも、彼の洞察、そして他者に対する心遣いと愛によって動かされ、より良い人間となるのです」。

今日、ボールドウィンの作品は新しい関心とともに読まれるようになった。アメリカの切手にまで広がる彼の影響は止まる所を知らないようだ。彼の著作や随筆は、公立学校や、大学、神学校の教室で教えられている。教会から街角まで、あらゆる人びとが彼のことを語るようになった。ボールドウィン自身の言葉によって構成され、俳優のサミュエル・L・ジャクソンがナレーションを務めたラウル・ペックのドキュメンタリー『私はあなたのニグロではない』は、オスカー賞にノミネートされるほど注目を集め、人種の問題をめぐる議論を活気づけている。しかし、ボールドウィンの作品は安易な受容を許さない。白人のことを「道徳的な怪物[18]」と呼ぶほどに、彼の言葉は辛辣なのだ。「この国においてニグロが受けてきた蛮行は、どれだけ誇張してもし過ぎるということはない。白人はそれに耳を塞ぐかもしれないが……アメリカのニグロの生の恐怖について、これまでどんな用語もあてがわれてこなかった。……現在、この世界において見出される人種の中で、白人アメリカ人はおそらくもっとも病的で、また確実にもっとも危険な人々である」[19]。この言葉に多くの白人は目を丸くし、子どもたちが学校でボールドウィンを読むことに異議を唱えるのだ。

私はユニオン神学校で、ボールドウィンについての授業を受け持っている。彼のことを教えるのに、ためらいがなかったわけではない。文学の専門家でも作家でもない私に、ボールドウィンの生涯と作品について何か教えられるだろうか。しかし黒人の苦しみや十字架に対する批判と格闘するうえで、またそれらの課題に学生と取り組むためには、ボールドウィンの作品が必要だった。牧師になる準備をしている学生が正義の問題に対してより深く倫理的に参与できるようになるために、彼から学ぶことがきっとあるはずだ。ボールドウィンのことを書く学者は多いが、そのほとんどがボールドウィンの内に燃え盛っていた炎に蓋をしてしまう。しかし私は彼の炎にこそ魅力を感じていたのだ。神学者として、黒人の宗教的想像力の解釈者として、私にしか語れないボールドウィンがあるのではないか。一四歳のときに説教者として立ったボールドウィンは、その三年後、説教壇を降り、教会を痛烈に批判する作家となったが、私は特段それを問題視していない。彼はこう書いている。「道徳的人間となることを願う者は誰でも……キリスト教が課す禁止事項、罪や偽善のすべてから絶縁すべきだと言っても差し支えない」。また他の箇所では「もし人が平和の君を信じるのなら、平和の君の名において犯罪行為を犯すことを止めなければならない」[20]と書くほどに、彼は手厳しい。あるインタビューで『ニューヨークタイムズ』誌の記者に、あなたの作品は「宗教的感傷を表現しているのではないか」と問われた際、ボールドウィンはそれを否定することなく「あらゆる芸術家は根本において宗教的なのです」と答えている。しかし、組織としてのキリスト教に対する彼の立場は明白である。「(私は)組織宗教としてのキリスト教は放棄しました。キリスト教を学ぶには、教会は最悪の場所なのです。私が教会を拒否するのは、キリスト者たちがキリスト教を拒否しているからです。教会はあまりに敬虔であり、あまりに偽善的なのです」[21]。このようなボールドウィンの言葉に対して私が言えることは、「アーメン」の一言である。口では信仰を語り、しかしそれを実行しない共同体を捨て去ったからといって、誰がボールドウィンを責めることができようか? 私がボールドウィンに惹かれたのは、実のところ、彼の既存の宗教に対する反逆性が理由だった。

苦しみの問題に関するボールドウィンの素晴らしい洞察の一つに、彼がハーレム時代に教師から教わったという言葉がある。「自分の環境によってすべてを決められてしまう必要はない」。アフリカ系アメリカ人の心理学者ケネス・クラークとのインタビューで、ボールドウィンはその教師についてこう語った。「彼女は証明したのです。必ずしもこの国が決める自分になる必要はないのだということを、彼女は身をもって証明してくれたのです」[22]。そしてボールドウィンはこのメッセージをただ聞くにとどめず、自身の著作を通じて世界中の人びとに伝えた。人種やジェンダー、性的指向の違い、障害の有無、自らの置かれている環境がすべてではないこと、それを越えていける可能性があることをあらゆる人びとが知る必要があったのだ。もし人びとがそのメッセージを信じ、それを自分のものとするなら、彼らは苦しみを乗り越え、他者によって決められる自分以上の自分になることができるだろう。

ボールドウィンが彼の甥に記した美しい手紙の中に、こんな言葉がある。「白人世界がニガーと呼ぶ者が真の自分なのだと信じてしまうこと、君が破壊されてしまうのは、唯一、こう信じることによってなのだ」[23]。ボールドウィンが私たちに教えるのは、イエスもまた多くの人びとから軽蔑されたのだということである。「(イエスは)自分のことを神の子であると主張したために、二人の盗賊に挟まれて、ローマ人によって殺されました。彼の主張は啓示的であり、革命的でした。なぜならそれは私たちすべての人間が神の子であることを意味するからです」。このボールドウィンの気づきは、深く神学的だ。これが示唆することは、と彼は続ける。「私たちは神の性質というものを拡大、また変革しうるということです。神の性質とは、一人一人の人間の側における永続的な創造の業なのです……私たちは自分の魂の救いに責任があります……」。自らの「健康や病」「生と死」に対して究極的な責任を負っているのは、「それぞれの神」の前に立つ私たち人間だけなのだ[24]。ミシシッピ・ジョン・ハートとアンジェリック・ゴスペル・シンガーズは、それぞれブルースとゴスペルで、ボールドウィンのメッセージを歌っている。

あの寂しい谷をあなたは一人歩かねば
You got to walk that lonesome valley,
自分のために歩かねば
you got to walk it for yourself
あなたの代わりに歩く者はいない
Ain't nobody to walk it for you,
自分のために歩かねば[iii]
You got to walk it for yourself.

「もし神の概念に何か正当性や使用価値があるのだとしたら」とボールドウィンは『次は火だ』に書く。「それは私たちを、より寛大で自由で優しくするからに他ならない。もし神がそうできないなら、それは神を捨て去る時がきたということなのだろう[25]」。一九七四年、セント・ジョン・ディヴァイン大聖堂で開かれた「預言者としての芸術家」のボールドウィンを讃える祝会で、彼はリチャード・ニクソンのことを「クソ野郎」と呼び、そこに居合わせた出席者に衝撃を与えた。ボールドウィンは「メシアについて新しい方法で考えるときがきたのです。いまこそ互いに愛することを学ぶべきときです。神の愛とは、互いに責任を負うことを意味します[26]」と述べたのだ。ボールドウィンのこのような洞察は、黒人の宗教体験に根ざしている。ゴスペルが歌うように、黒人にとって神とは「恐ろしいほど素晴らしい[27]」存在なのであって、いたずらに扱うことを許される存在ではない。

カラマズー・カレッジでの講演で、ボールドウィンは語った。「結局のところ神とは、誰かの遊具ではないのです。神と共にあるとは、途方もなく巨大で、圧倒的な欲望と、喜び、そして力と関わるということです。あなたは支配するのではなく、支配されるのです。人生とは、自分では理解できない何処かに向かう旅であると考えています。前に進めば、私は人間として少し成長するのです。神とは私にとって、解放の手段なのであって、他人を支配する手段ではありません[28]」。ボールドウィンにとって、神を知るとは「そこにある何か[29]」と格闘すること、そして「終わりも始まりもない力の苦痛、剥き出しになった力の美しさを突きつけられること」を意味した。それは「あなた自身の一部となり、あなたの骨が灰燼に帰してもなお、あなたを使う[30]」のだ。

しかし、ボールドウィンが『山にのぼりて告げよ』（一九五三［一九六一、早川書房］）で示した通り、すべての黒人がその人生の嵐の中でイエスの名を呼ぶわけではない。登場人物の一人であるフランクは、イエスを知らず、また知りたいとも思っていないようだ。「ブルースを歌って……呑んだくれている連中」の弁護をしようとする彼は、「私と主はいつも気が合うというわけではなかった」「まるで私は何もわかってないとでも言うかのように、彼は世界を動かすのだ[31]」と言う。もう一人の登場人物、リチャードはさらに辛辣だ。彼は周りの仲間と共に、神のことを「言葉」と「生き方」、そして「心」で罵る。彼の友人のエリザベスが「恐るイエスの愛について述べた」ところ、彼は彼女を嘲笑するのだ。「そのクソ野郎に、俺のどでかい黒いケツにキスでもしてみろと言っときな[32]」。

ボールドウィンは、教会に行かない人びとと共にいるために教会を去った。表裏のない人間だった彼らは、少しでも侮辱されれば、すぐに怒ってやり返した。干渉されるのが何よりも嫌いで、教会の人びともそれを知っていたのだ。教会に行かない彼らがキリスト教の代わりに拠り所としたのは、アフリカであり、ユーモアであり、ブルースだった。アフリカに思い焦がれ、征服者ジョンのことを覚え、自らの祖先に祈る彼らに対して、ボールドウィンはこう伝える。「私は西洋の私生児」で「アフリカからの侵入者だった[33]」と。しかしボールドウィンは、アフリカが自分の故郷でないことも承知していた。どこへ行っても、彼はアメリカ人だった。それでも彼はアフリカ大陸を訪れ、アフリカとの連帯を深め、しばしばアフリカ人は彼を仲間の一人として受け入れたのだ。ブレア・ラビットなどの民話に心を寄せるニグロもいた。これらの物語は、いかにして弱者が強者に打ち勝つのかを教える。「自分が持つはずのものを持たないことを笑う[34]」「泣かないために笑う[35]」。生存のためのユーモアである。ニグロは、自らの経験の実態を面白おかしく語ることで、正気を保とうとした。「私たちの不幸の中には、いつもどこか少し笑えることがある」とボールドウィンは書いている。「もしその不幸に向き合うことができるなら[36]」それが見えてくるのだ。また、特にリンチの時代と、ジム・クロウ分離政策の支配の中で生きた人びとにとっては、ブルースが何よりも大事だった。

ボールドウィンは、ブルースフィーリングというものを理解していた。もちろんそれは、彼が書くように「うまく表現するのが非常に困難な」ものであったのだが。ブルースフィーリングを理解するために、彼は自らの原点に立ち戻らねばならなかった。自分の出自を恥じ、「スイカには二度と触らない[37]」と誓い、父親から「これまで見た中で一番醜い少年[38]」と呼ばれたあの日々に。しかしボールドウィンがこれらの屈辱的な記憶と向き合う際に、ブルースの女帝と呼ばれたベッシー・スミスが支えとなったのだ。「僕の見た目は良くないかもしれないだけど、僕だって誰かの可愛い赤ん坊だったはずだ」。『山にのぼりて告げよ』は、ボールドウィンがパリで放浪生活をする中で書いた作品であるが、その筆が進まなくなったとき、彼はスイスの僻村へ「二枚のベッシー・スミスのレコードとタイプライターで武装して」旅に出た。ボールドウィンは書く。「それはベッシー・スミスだった。彼女の歌い方と声の調子によって、僕は自分が黒人の子どもだったときに使っていたに違いない話し方を掘り起こし、またそこで僕が聞いたり、見たり、感じたりしたことを思い出すことができたのだ[39]」。彼は毎日のように「バックウォーターブルース」(一九二七)を聴いた。

雷が鳴り、稲妻が光り、嵐が吹き始めるとき
When it thunders and lightning and the wind begins to blow,
雷が鳴り、稲妻が光り、嵐が吹き始めるとき
When it thunders and lightning and the wind begins to blow,
何千もの人びとが立ち尽くし
There's thousands of people,
行く場を失っている
They ain't got no place to go.
私の家も崩れ落ち
My house fell down
もうそこに住むことはできない
And I can't live there no more.

ボールドウィンは、ベッシーが歌うように書きたかったに違いない。ベッシー・スミスは、ナッシュビルの洪水で死の瀬戸際に立ったが、それに屈することはなかった。彼女はそれを乗り越え、生存と勝利の物語を歌うのだ。ボールドウィンは、ベッシーの「歌い方と声の調

子」を自分のものとし、彼女がそうしたように悲劇のただ中にある美しさに言葉を与えようとした。ボールドウィンは、彼女を通して自身の経験を取り返したのだ。黒人音楽の機能とは、まさにその類のものである。黒人がブルースを通して自らの経験を取り返すとき、彼らはその苦しみを耐え抜き、喜びを抱きしめる。少しの「想像力」でもって「最悪な状況」を切り開き、それを最善へと変えるのだ。スタンリー・ダンスの『アール・ハインズの世界』に寄稿した書評で、ボールドウィンはこう書く。「(ブルースアーティストが)この世界に与えたものを言葉で表し尽くすことはできない……彼らは私たちの悲しみと怒りを取り返し、それを作り変える。私たちがそれを受け入れ、乗り越えられるように助けるのだ。彼らが取り返す喜びを、私たちは子どもたちに与えることができる。真夜中の漆黒にあって、私たちは笑うことができるのだ[40]」。

すべての人間がボールドウィンのブルースに対する考え方に同意するわけではないかもしれないが、黒人のほとんどは彼が何を言っているのか理解できるだろう。「アメリカにおけるニグロが自らの物語を語ることができたのは、唯一音楽によってである……もっともそれはあまり心地の良い物語ではないのだが[41]」とボールドウィンは、『多くの者がいなくなった』に書いている。しかしそれは同時に、混沌とした時代の中にある私たちの救いの物語であり、「荒涼とした土地の岩」の「嵐の時の隠れ家」の物語であるのだ。ボールドウィンはブルースについての考察を続ける。「たしかに私も、一人の飢えた子を救うためなら、すべてのブルースを差し出す用意があると発言したことがある。しかしそれは誤りだった。その交換の権限を私が有していないということだけでなく、主の歌を異国の地で歌うことによって無数の子どもたちが救われたということにおいて。その数をすべて数え得たものは、いまだかつていない[42]」。

『悪魔は仕事を見つける』でボールドウィンは、T・S・エリオットの有名なフレーズ「人びとは過度の現実に耐えることはできない[43]」を引用し、それを「ブルースの効用[44]」について解き明かすために援用している。「人はその生に耐えるために、正しく生を再創造しなければならない。それゆえに——レイ・チャールズならこう表現するかもしれないが——黒人はブルースを歌うことを選んだのだ[45]」。また、あるインタビューでボールドウィンは、ブルースアーティストを詩人と呼ぶ。

ビリー・ホリデイは詩人でした。彼女はあなたの経験を取り返し、それを洗練させました。彼女がその経験の中に出入りして、あなたが耐えうる形に作り変えたことで、あなたは自分の経験を初めて認識できるようになったのです。そしてもしあなたが経験を耐えることができるのなら、それを変えることもできるのです。詩人の仕事とはそのようなものです。私は別に書物について話しているのではありません。私は、人びとが生み出すある種の情熱について、ある類のエネルギーについて話しています。それはビリー・

ホリデイやニーナ・シモン、マックス・ローチなどの人びとに宿っています。彼らにはそんな情熱が必要なのです。彼らは、あなたのためにそれを取り戻し、あなたを別の場所に連れて行くのです[46]。

私はボールドウィンと直接会ったことはないが、彼が一九八〇年にコロンビア大学のマクミラン・ホール（現在はミラー・シアター）でトニ・モリスンとアミリ・バラカと並んで講演するのを聞きに行ったことがある。「八〇年代における黒人文学――革命かルネッサンスか」というフォーラムだった。モリスンとバラカが、適切にもボールドウィンを実父のように尊敬しているのが見て取れた。二人はそれぞれに魅力的で、自分の作品を優美に力強く朗読していたが、私がその場に足を運んだのは、他ならぬボールドウィンの言葉を聞くためだった。彼は私の期待を裏切らなかった。「この国において、また西洋において、白人のように話せるようになることとの代価は、自分の経験に嘘をつくということでした[47]」。彼が十分に承知していたように、ブルースは嘘をつかない。それは血なまぐさい真実を語るのだ。

それ以来ボールドウィンは、マーティン・ルーサー・キングとマルコムXに並んで、私の知的な三位一体を形成することとなった。私たちがいまだに彼らのことを覚えているのは、彼らが黒人の真実を語ったからだ。ボールドウィンは、その途方もない人間愛をマーティン・キングと共有しており、黒人であることを愛するがゆえの怒りをマルコムXと共有している。

ケネス・クラークとの対話の中で彼は、マルコムについて語っている。マルコムは黒人に向かって「黒人であることを誇りに思うべきだと伝えました」。ボールドウィンはさらに続ける、「神だってそうすべきだと知っているのです。それを聞くことは、黒人であることを恥じるべきだと教えるこの国において非常に大切なのです[48]」。

マーティンのように愛について説教できる者はいなかったし、マルコムのように黒人について語れる者もいなかった。そしてあのような雄弁さで愛と黒人性について書ける者は、ボールドウィンをおいて他にいなかったのだ。力を持って語ることの意味を知りたいとき、私はマーティンとマルコムの声を聞く。彼らの雄弁は芸術である。ルイ・アームストロングがトランペットを吹くように、彼らは聴衆に語りかけることができるのだ。しかし力を持って書くことの意味を知りたいとき、私はジェイムズ・ボールドウィンに向かう。彼の言葉には、超越的な霊が宿っているようだ。神が本を書いたなら、ボールドウィンのように書くに違いない。ボールドウィンの言葉は、私にとってまるで聖書のように響いた。

ボールドウィンはすべての人類を愛していた。「もしあなたが誰か一人の人を本気で愛するなら、あなたはすべての人間を愛しているのです[49]」と彼は言っている。彼の怒りの原因は、アメリカの白人が黒人を愛さなかったどころか、彼らを人間としてさえ扱わなかったことである。白人の聴衆に向かって、ボールドウィンは衝撃的な一言で講演を始めたことがある。「私はニガーではない！」聴衆はすぐに彼の怒りを感じ取り、「ニガー」という罵倒語に居心地が悪くなる。「私は人間である！」彼は熱を込めてこう宣言した。ここで問わなければならないことは、「なぜあなたがたはニガーが必要なのか、ということです」。合衆国における黒人の残酷な扱いについて語るとき、ボールドウィンの怒りはマルコムのそれに近かったが、彼はネーション・オブ・イスラム時代のマルコムのように分離主義の立場を取らなかった。むしろ、ボールドウィンやマーティン・キングらの公民権運動家、アフリカやメッカの自由の闘士たちは、マルコムに影響を与え、ネーション・オブ・イスラムの分離主義的信念を断念させ、熱情を持って人間を愛する者へと彼を変えたのだ。人は愛によって苦しみを乗り越える。そして愛があるからこそ、その生は完全であり、打ち負かされることがないのだ。

キングとマルコム、そしてボールドウィンが持つそれぞれの視点が、私の思想を形成した。最近、私はニュージャージー州のローウェイ州立刑務所とニューヨーク州オシニングのシンシン刑務所を訪れ、囚人に対して講演する機会を与えられた。いかにして現実に耐えうるのかという非常に難解なテーマについて話すにあたり、私はボールドウィンの言葉を借りた。「もし私たちが与えられた環境によって作られるのなら、同時に私たちは、その環境の中から私たち自身が作り出した存在でもあるのだ[50]」。それを聞いた囚人たちは、少し笑って頷いていた。それから私はマルコムXについて語った。彼らはマルコムの『自伝』と、私が書いた『キング牧師とマルコムX』を事前に読んでいたのだ。マサチューセッツ州のチャールズタウン州立刑務所に七年間収監されていたマルコムを、囚人たちは身近に感じていたようだ。「私が刑務所にいたと聞いて驚いてはならない」とマルコムが語ったのは、彼のもっとも有名な演説の一つであるデトロイトでの「草の根の民衆へのメッセージ」(一九六三年一一月)の中である。「あなたがたはいまだに刑務所の中にいるのだから。刑務所、それはアメリカそのものなのだ」[51]。それから五ヵ月後、もう一つのデトロイトでの有名な演説「投票か弾丸か」(一九六四年四月)で、マルコムは再び刑務所という言葉を使って、アメリカ民主主義の偽善に対して立ち向かうよう黒人に求めた。「刑務所に入ることに、何か問題でもあるのか。黒人ならば、あなたは生まれたときから刑務所にいるのだ」[52]。囚人たちは、ジューク・ジョイントの黒人がブルースアーティストと共鳴するように、マルコムの人生と言葉に共鳴したようだった。マルコムは囚人たちの経験を取り戻し、そして変革した。囚人たちはマルコムがいかにして彼の現実を背負ったのかについて学び、それは彼らが自身の経験を背負うための力となった。私にとって、そして彼らにとっても、マルコムとボールドウィンを読むことは、ブルースを聞くような体験なのである。

苦しみに手を触れたいなら、ボールドウィンを読むといい。抽象的な議論ではなく、黒人が生きたまったくの真実に触れたいなら。黒人の苦しみをボールドウィンのように表現できた書き手はいない。

この過去、縄で縛られ、炎で焼かれ、拷問を受け、去勢され、幼児が殺され、レイプされたニグロの過去。死と恥辱。昼夜を問わず襲ってくる恐怖、骨の髄にまで染みついた深い恐怖。周囲の誰もがそう言うので、感じないではいられないような疑い、つまり自分は生きるに値しないのではないかという疑い。守ってやる必要があったのに、守ってやれなかった女たちや、親類や子どもたちへの悲しみ。怒り、憎しみ、殺人行為。白人への憎しみは、己を焼き尽くすほど深く、あらゆる愛と信頼、そして喜びを不可能にする。[53]

ボールドウィンがここで書いていることを、その骨肉において理解できない黒人は、ほとんどいないだろう。彼は私たちの経験を取り返す。白人が私たちの祖父母に何をし、現在私たちに何をしているのか知ったとき、それは気も狂わんばかりの怒りとなるのだ。授業でこのボールドウィンの文章を読むと、黒人の学生たちは白人学生を睨みつけ、怒りを抑えきれず、いまにも殴りかかりそうになる。一方、白人は首を垂れ、口を閉ざし、いますぐにでも授業から逃げ出したいとでもいうようにソワソワし始める。そんな学生たちを前に、私は文章の続きを読む。「このような過去、人間であることを掴み取り、人間であることを示し、そしてそれを確認しようとするこの終わりなき闘い。ここにはあらゆる恐怖がつきまといはするが、それでも何か非常に美しいものを内に秘めている」。すると、黒人学生の怒りは、突然ボールドウィンへと向かうのだ。

手が上がっている。「コーン教授、読むのをやめてください！」ある黒人学生が、私を遮る。「ボールドウィンはどうかしていませんか？　黒人の苦しみに美しいものがあるなんてデタラメもいいところです。奴隷制に、分離政策、リンチですよ、わかっているのですか？」

「ボールドウィンの言葉をもう少し聞きなさい」と私は答える。「君はボールドウィンの遺産の中に生きているのだ。彼は君の先を行った人で、おそらく『二〇世紀におけるもっとも重要な作家』[54]なのだよ。彼はここで書いている苦しみのほとんどを実際に経験しているのだ」。

ボールドウィンはこう続ける。

私は苦難に対して感傷的になろうとしているのではない、……しかし苦しむことのできない人びとは、絶対に成長しないし、自分が何者であるかも決して分からないのだ。残虐性という燃え盛る火が破壊しようとしている自分の人間性、自分の人間としての存在を、毎日のように何とかして掴み取るよう強いられている人。その人がもしその努力の末に生き延びるならば、あるいはたとえ生き延びないとしても、その人は自分自身について、また人生について、なんらかのことを知っている。それは地上のいかなる学校でも、また事実、いかなる教会でも教えることができないものなのだ。その人は揺るぎない自己の権威を獲得する。これが可能なのは、その人が自分の生を救うために、何事をも当然視できず、表面的な次元に安住できず、言葉の背後に隠れた意味を聞き取ろうとせざるを得ないからである。もし人が、自身の生がもたらす最悪な時を生き延び続けることができるのなら、いずれ、その人は生がもたらしうる恐怖に支配されなくなる。人生が何をもたらしたとしても、それをただ耐えるのみなのだ。そしてこの深みにある経験において、人生の苦味は口に合うようになり、憎しみは担うに重すぎる荷物となるのだ。[55]

ほとんどの黒人学生は、ボールドウィンが黒人の苦しみの中に見出した美しさに納得できないでいた。白人学生は口を閉ざしている。黒人の反発も、白人の沈黙も理解できよう。理性の内に留まる限り、リンチを受けた黒人の遺体に美しさを見出す黒人など誰一人としていないだろう。そして黒人の怒りを前にして、白人は敬意を持った沈黙で答えるしかないのだ。だが、赦しを求めることですべてが解決したとは思わないでほしい。私たちはあまりに多くの法的、私的な暴力を経験してきたのだ。

もっとも、私たちがここに見るのは、理性に留まろうとするボールドウィンではない。彼は、自分ではそう呼ばないかもしれないが、まさに神学的なのだ。たしかに彼は説教壇を降りた。しかし彼が説教や解釈をやめることはなかった。ヒルトン・アルズはいみじくもこう書いている。「ボールドウィンは説教を書くことと芸術を創作することの区別ができなかった」[56]。それでよかったのだ。もしボールドウィンがそれらを分けて考えていたのなら、『山にのぼりて告げよ』に「召命の類の物語」は含まれなかったかもしれない。もっとも当時の編集者は、恐ろしいことに、あの場面を削除するようボールドウィンに提案したようだが。[57]ボールドウィンにとって芸術とは説教であり、説教とは芸術だった。説教者であり芸術家であることは、ボールドウィンの弱みではない。いや、この二つが共存していることこそ、彼の強みとなるのだ。神学的に『次は火だ』を読むとき、私たちがそこに見出すのは宗教者としてのボールドウィンだろう。つまり彼は、人間の魂の逆説的な深み――それを黒人説教者は計り知れない不思議と呼ぶ――へと潜っていくのだ。誰も言葉では説明できないが、それが真理であることはなぜか知っている、人間であることの意味の深み。真理は理性ではなく、人の感覚において明かされる。私たちを自由にする真理とは、この種の真理のことである。人は自らの深みにおいて、神がすべての人間を価値あるものとして創造したもうたと、そしてその価値は誰が何をしようとも破壊できないと知っているのだ。

奴隷制に何か美しさがあったのか？　合理的に考えれば、そんなものはあるはずがない！しかし黒人霊歌は、黒人民話は、奴隷宗教は、そして奴隷の物語は、どれも美しく、しかし同時にみな奴隷制を背景として持っている。この奇跡をどう説明したらいいのだろう。リンチやジム・クロウ分離政策に何か美しいことなどあったのか？　そんなものはない！　しかし、ブルースは、ジャズは、黒人の偉大なる説教は、ゴスペルは、どれも美しく、同時にみな奴隷制後に現れた白人優越主義の暴力から生まれ出たのだ。一九六〇年代、私たちが「黒いことは美しい！」と表明したのは、それが事実だったからだ。私たちはジェイムズ・ブラウンの“I'm Black and I'm Proud”（私は黒人であり私は誇り高い）に拳を高々と掲げ、行進や演説、歌や説教において「黒人としての誇り」を示すのだ。

黒人は白人優越主義に屈しなかった。私たちは抵抗し続け、それは美しい抵抗の文化となった。いまや世界中で覚えられている公民権運動とブラック・パワー運動。ボールドウィンは黒人に要求する。「過去を受け入れ、過去と共に生きることを学」ぼうと。「私はこの国の黒人に嘆願する」と、ボールドウィンは『次は火だ』が出版された直後に発言した。「非常に難しいことは承知しているが、あの競売台を、あのすべての縄を、あのすべての炎を、そしてあのすべての痛みを誇りに思ってほしい[58]」。

悲劇の中に美しさを見出すこと、それは気の遠くなるような挑戦である。そのためには、神学的な目が必要なのだ。表面に現れている事物の奥に入り込み、その根源に触れることのできる神学的な目。ボールドウィンには、そんな目が備わっていた。だからこそ彼は、黒人の苦しみの中に悲劇と美しさを認識し、そこに救済的な価値を見出すことができたのだ。彼は、苦難は人びとをつなげる橋となりうると語った。黒人と白人、あらゆる文化を持った人びとを互いにつなげる橋。苦しみとは悲痛であり歓喜である。悲劇であり勝利である。それは黒人を結束させ、私たちを強くした。苦悩も痛みも十分承知していながら、私たちはそれを乗り越えてきたのだ。苦難に対して私たちが真に問わねばならないことは、それをどう利用するかである。「もし君が、死ぬほどの痛みを受け入れることができるのなら」と、ボールドウィンの小説『異国』に登場するヴィバルディは言う。「君はそれを利用できるはずだ、君はもっといい人間になれる」。「それはたいへんなことだよね」と、もう一人の登場人物、エリックが答えると「そうだとも」とヴィバルディは頷く。もし痛みを受け入れないのなら、「君は痛みの前で立ち止まって、何度も同じことを繰り返してしまう。そうすれば君の人生は終わってしまうんだ。いや、本気で言っているんだよ。だって君はそこから動くことも、何かを変えることも、愛することだってできないんだから」[59]。しかし、もし痛みを受け入れるなら「苦しみとは人を隔離するものではない、ということにあなたは気がつくのです」と、ボールドウィンは、ニッキ・ジョバンニとの対談の中で述べる。「あなたの苦難は橋となるのです」[60]。ブルースや霊歌を歌うとは苦しみを利用することであり、苦難を前へと進むための橋とする作業なのだ。「私たちがいかに苦しんだのか、そしていかに喜び、いかに勝利したのかという物語は目新しいものでは決してないのだが、それはいつでも聞かれなければならない」。ボールドウィンは『サニーのブルース』という短編に記している。「他に語れる物語などない。そしてそれは、この暗闇の中にあって私たちが持っている唯一の灯りなのだ」[61]。

人は殴られ、撃たれ、去勢されるとき血を流す。その身体と心、魂は痛む。しかし、ボールドウィンが力説したように、誰もが苦しむのだ。死とは普遍的なもので、あらゆる人間に平等に訪れる。いつの日か必ず、死が私たちの戸口に立って、扉を叩く日が来る。金持ちにも、一文無しにも、年老いた者にも若者にも、黒人にも白人にも、男性にも女性にも。それはいつも歓迎され得ない訪れだが、そこから逃げる道もまた用意されてはいない。それでも奴隷は、死すら歌うのだ。

遠くない朝、死が私の部屋に忍び込む
Soon one mornin', death comes a-creepin' in my room
主よ、主よ、どうしたらいいのですか
Oh my Lawd, Oh my Lawd, what shall I do?

死がここにきて、母さんを連れ去ってしまった
Death done been here, tuck my mother an' gone,
主よ、どうしたらいいのですか[iv]
Oh my Lawd, what shall I do?

「苦難を避ける方法などない」とボールドウィンは書いた。「この世に生を受けたすべての者にとって……すべての物事が完結するまで、一つだけ確実なことがある。それは苦しむということだ[62]」。

もう一つ確実なことがあるとすれば、それはすべての人間が他者に対して、また自分に対

して行ったことの代価を払うということだろう。誰もが、苦難を橋として利用するわけではない。もし私たちが互いを人間として認識し得ないのであれば、苦しみは人びとを分離させるのだ。もし隣人をあなたと同じ人間だとみなさないのなら、その人が苦しんでいてもあなたは何も感じないだろう。他者の人間性を認識し損ねるとき、私たちは自らの不見識の代価を払うことになる。金持ちが何の代償も払わず、自らの行いのままにうまく立ち回れると思ってはならない。ボールドウィンは、「人びとは自らのなしたことに対して代価を払うのだ。いや、それだけではない」と書く。「彼らは、自らがいかなる者になるのかということに対しても代価を払う。それは単純なことで、その人の生き方そのものが代価となる」。無駄な生、空虚な生、意味のない生。黒人をリンチしてきた家族に育てられたいと願う者がいるだろうか？　奴隷制や分離政策、白人優越主義を正当化してきた宗教に育てられたいと思う者がいるだろうか？　そのような家族、宗教のもとでは、子どもたちは人を憎むように教育を受けるのだ。人種憎悪の文化によって育てられた白人を、私はこれまで何人も見てきた。それは決して気持ちのいいものではない。

ビル・モイヤーズとのテレビ討論で私は、リンチに加担した文化の一部となるよりは、リンチに抵抗した文化の一部になりたいと率直に告げた。過ちを犯した人びとの一人となるより、いわれのない苦難を受けてきた人びとの一人となりたい。苦しめられてきた人びとは、苦しみを与えてきた人びとにすでに優っている。イエスは、彼を磔にした人びとよりも強靭であった。黒人は白人より強く、黒人宗教は白人宗教よりも創造的で、意義深く、また真実である。それゆえ私は、黒人の宗教、物語、ブルースを愛する。黒人が白人を憎まずにいられたのは、黒人文化があったからだ。私たちは毎週日曜日の朝、自らの、そして白人人種主義者から受けた憎しみを清めるために教会に通った。説教や叫び、祈り、賛美とは、そのような清めの行為であり、それをボールドウィン以上に美しく表現できた者はいまだかつていない。

聖者たちが歓喜に舞い、罪人たちがうめき声をあげ、タンバリンの音が競い合い、人びとの声が一つになって神に信仰を叫ぶ。あのような音楽、あのような戯曲は他にない。いまだに私は、あの人びとが持っていた熱情に匹敵するものを感じたことはないのだ。多様な肌の色をして、疲れ果て、それでもなぜか勝利を確信したかのように神々しい顔つきをした人びと。主の善性に対する明白かつ具体的で継続的な絶望の深みにあって、それでもなお神を弁護するかのような人びと。彼らの持っていたあの熱情を。ときとして前触れもなく教会に充ち溢れる、リードベリーや他の多くの人びとが証ししたような教会を「揺り動かす」ほどの炎と興奮とに相当するものを、私はいまだかつて目撃したことがない。そしてときに説教の最中に感じた、あの確信。つまり、私と教会が一つになるとき、私はある奇跡によって、実際に「世界そのもの」を背負っているのだという確信。あのときに感じた力と栄光を、あれ以来味わったことがない。彼らの痛みと喜びは私のものであり、私の痛みと喜びは彼らのものであった。彼らはその苦しみと喜びを私に委ね、私は私の苦しみと喜びを彼らに委ねた。そして彼らの叫び。「アーメン！」「ハレルヤ！」「その通りです、主よ！」「主の名に栄光を！」「兄弟よ、語れ！」あの叫びが、私のソロを、説教を励まし、鼓舞したのだ。祭壇の下の私たちは、気がつくと一つになって、苦痛と歓喜の中で汗だくになって、歌い踊っていた。[63]

黒人の艱難、その「心の悩み」。私たちがそれらを乗り越えることができたのは、黒人の宗教と文化があったからだ。

ダリル・ピンクニーは、ボールドウィンのことをいみじくも「逆説の使徒[64]」と呼ぶ。苦難についてのボールドウィンの主張には、どこか深く逆説的で、真実なものがあるように思う。もちろん彼のメッセージは、彼自身が十分承知していたように、ときに受け入れがたいものである。彼の語る真実には、納得のいく部分も、そうでない部分もあるだろう。しかし、ボールドウィンを読む中で痛感したのは、合理的な思考だけで苦しみを理解することはできないということだ。苦難とは何であるか。私はそれを、実際に苦しむ人びと、苦難を乗り越えた人びとから学ばねばならなかった。

注

1 James Baldwin, "The Fire Next Time," in *Collected Essays, ed. Toni Morrison* (New York: Library of America, 1998), 304.（『次は火だ——ボールドウィン評論集』黒川欣映訳、一九六八年、弘文堂、二四頁）

2 James Baldwin, "The Devil Finds Work," in *Collected Essays*, 565.

3 Margaret Mead and James Baldwin, *A Rap on Race* (New York: Dell, 1971), 89.（『怒りと良心——人種問題を語る』大庭みな子訳、一九七三年、平凡社、一一二頁）

4 James Baldwin, "White Racism or World Community" (July 7, 1968), in *Collected Essays*, 749–56. ボールドウィンの講演の初出は以下である。*The Ecumenical Review*, October 20, 1968.）

5 Mead and Baldwin, *A Rap on Race*, 86, 89.（『怒りと良心』一一二頁）

6 Baldwin, "The Fire Next Time," 312, and "White Racism and World Community," 755.（『次は火だ』三六頁）

7 Mumia Abu-Jamal, "James Baldwin: Word Warrior," Prison Radio, July 17, 2017.

8 Amiri Baraka, "Jimmy," in *James Baldwin: The Legacy*, ed. Quincy Troupe (New York: Simon & Schuster/Touchstone, 1989), 134.

9 W. J. Weatherby, *James Baldwin: Artist on Fire* (New York: Dutton, 1990).

10 Carol Polsgrove, *Divided Minds: Intellectuals and the Civil Rights Movement* (New York: W. W. Norton, 2001), 164.

11 Baldwin, "The Fire Next Time," 346.（『次は火だ』八九頁）

12 Baldwin, "The American and the American Negro" in *Collected Essays*, 714.

13 Baldwin, "The Fire Next Time," 347.（『次は火だ』九〇－九一頁）

14 Thomas Merton, *Seeds of Destruction* (New York: Farrar, Straus & Giroux, 1964).

15 Martin Marty, "Sowing Thorns in the Flesh," *The Sunday Tribune*, January 17, 1965; Martin Marty, "To: Thomas Merton. Re: Your Prophecy," August 30, 1967, *The National Catholic Reporter*, August 30, 1967.

16 Baldwin, "The Harlem Ghetto," in "Notes of a Native Son," in *Collected Essays*, 47.（『アメリカの息子のノート』佐藤秀樹訳、一九六八年、せりか書房。ただしここでの訳文は訳者による）

17 以下に引用がある。Ruth Franklin, "After Empire: Chinua Achebe and the Great African Novel," *The New Yorker*, May 26, 2008.

18 特に以下を参照のこと。"I Am Not Your Negro," in "No Name in the Street," in *Collected Essays*, 386; also "Notes of a Native Son," in *Collected Essays*, 129.

19 Baldwin, "The Fire Next Time," 326.（『次は火だ』五七－五八頁）

20 Ibid., 314, 756.（『次は火だ』三九頁）

21 M. S. Handler, "James Baldwin Rejects Despair Despite Race 'Drift and Danger," *New York Times*, June 3, 1963, 1, 19.

22 Kenneth B. Clark, *King, Malcolm, Baldwin: Three Interviews* (Middletown, CT: Wesleyan University Press, 1985), 55.

23 Baldwin, "The Fire Next Time," 291.（『次は火だ』四頁）

24 Baldwin, "White Racism and World Community," 755, 756.

25 Baldwin, "The Fire Next Time," 314.（『次は火だ』三九頁）

26 以下に引用がある。David Leeming, *James Baldwin: A Biography* (New York: Henry Holt, 1994), 322.

27 "My God Is Awesome," by Pastor Charles Jenkins of Fellowship Baptist Church in Chicago.

28 Baldwin, "In Search of a Majority" (1960), in *Collected Essays*, 220.（『次は火だ』一三六頁。強調部分はコーンによる）

29 以下に引用がある。Leeming, *James Baldwin*, 384.

30 Baldwin, "The Devil Finds Work," 566.

31 James Baldwin, *Go Tell It on the Mountain* (New York: Double- day, 1952), 77, 78.（『山にのぼりて告げよ』斎藤数衛訳、一九六一年、早川書房。ただしここでの訳文は訳者による）

32 Ibid., 158.
33 Baldwin, "Notes of a Native Son," 7; and in W. J. Weatherby, *Baldwin*, 176.
34 J. Mason Brewer, "Introduction," in Henry D. Spalding, *Encyclopedia of Black Folklore and Humor* (Middle Village, NY: Jonathan David, 1972), xiii.
35 Langston Hughes, *Laughing to Keep from Crying* (New York: Aeonian Press, 1952).
36 James Baldwin, "The Uses of the Blues" (1964), in *The Cross of Redemption: Uncollected Writings*, ed. Randall Kenan (New York: Pantheon, 2010), 59.
37 Studs Terkel, "An Interview with James Baldwin," in *James Baldwin, Conversations with James Baldwin*, ed. Fred L. Standley and Louis H. Pratt (Jackson: University Press of Mississippi, 1989), 1-3.
38 Baldwin, "The Devil Finds Work," 481.
39 Baldwin, "The Discovery of What It Means to Be an American," in "Nobody Knows My Name," 138.（『誰も私の名を知らない――人種戦争の嵐の中から』黒川欣映訳、一九六四年、弘文堂。ただしここでの訳文は訳者による）
40 Baldwin, "The Last of the Great Masters" (1977), in *Collected Essays*, 772.
41 Baldwin, "Many Thousands Gone," in "Notes of a Native Son," in *Collected Essays*, 19.
42 Baldwin, "The Last of the Great Masters," 772.
43 Baldwin, "The Devil Finds Work," 524.
44 Baldwin, "The Uses of the Blues," 57–66.
45 Baldwin, "The Devil Finds Work," 524.
46 "Black Scholar Interviews James Baldwin" (1973), in *Conversations*, 143.
47 講演については、次の記事を参照。 C. Gerald Fraser, "Black Writers on Their Publishing Future," *New York Times*, November 27, 1980, C19.
48 Clark, *King, Malcolm, Baldwin*, 59.
49 以下に引用がある。 Leeming, *James Baldwin*, 125.

50 Baldwin, "Every Good-bye Ain't Gone," in *Collected Essays*, 776.

51 *Malcolm X Speaks*, ed. George Breitman (New York: Grove Press, 1965), 8.

52 Malcolm X, "The Ballot or the Bullet," April 12, 1964, Detroit, MI. http://malcolmxfiles.blogspot.com.

53 Baldwin, "The Fire Next Time," 342.（『次は火だ』八四頁）

54 JoAnn Wypijewski, "A Guide in Dark Times: Why It's Essential to Read James Baldwin Now," *The Nation*, February 9, 2015, 4.

55 Baldwin, "The Fire Next Time," 342–43.（『次は火だ』八四－八五頁）

56 Hilton Als, "The Enemy Within: The Making and Unmaking of James Baldwin," *The New Yorker*, February 16, 1998, 80.

57 James Baldwin, *The Amen Corner* (New York: Dial Press, 1968), xiv. 以下も参照。Barbara K. Olson, "'Come-to-Jesus Stuff' in James Baldwin's *Go Tell It on the Mountain and The Amen Corner*," *African American Review* 31, no. 2 (Summer 1997): 295–301.

58 一九六三年五月一七日の『タイム』誌。「ニグロ問題の根底には、白人が彼自身を生きるために、ニグロと共に生きる道を見つけることが必要だということがある」。ボールドウィンは同誌の表紙を飾っている。またバーミングハムにおけるキング牧師の物語も「自由をいま」という題で特集されている。

59 James Baldwin, "Another Country," in *Early Novels & Short Stories*, ed. Toni Morrison (New York: Library of America, 1998), 716.

60 James Baldwin and Nikki Giovanni, *Baldwin and Giovanni: A Dialogue* (Philadelphia: Lippincott, 1973), 74.（『われわれの家系』連東孝子訳、一九七七年、晶文社、八二頁）

61 Baldwin, "Sonny's Blues," in "Going to Meet the Man," in *Early Novels & Stories*, ed. Toni Morrison (New York: Library of America, 1998), 862. 同引用は、ボールドウィンの葬儀のプログラムに載せられていた。

62 Baldwin, "The Uses of the Blues," in "Go Tell It on the Mountain," in *Early Novels & Stories*, 59.

63 Baldwin, "The Fire Next Time," 306.（『次は火だ』二六－二七頁）

64 Darryl Pinckney, "The Magic of James Baldwin," *The New York Review of Books*, November 19, 1998, 70.

訳注

i　マーヴィン・ゲイが一九七一年に発表したアルバムの表題曲。

ii　アルバム、What's Going On の中に収録。英題は Inner City Blues (Make Me Wanna Holler)。

iii　英題は Lonesome Valley。ニーナ・シモンやピート・シーガーをはじめ数多くのミュージシャンによって歌われている。

iv　英題は Soon One Morning。ブルースミュージシャンのルイジアナ・レッドのバージョンはどうだろう。

おわりに

私の神学の旅路は終わりに近づいている。最後の時にあって、黒人の血が私をいまだに捉えて離さない。デニス・マクネア（一一歳）、キャロル・ロバートソン、シンシア・ウェズレー、そしてアディー・マエ・コリンズ（それぞれ一四歳）らアラバマ州バーミングハムの四人の黒人少女の血。エメット・ティル（一四歳）、トレイボン・マーティン、ジョーダン・デイビス（それぞれ一七歳）、そしてマイケル・ブラウン（一八歳）ら南北の四人の一〇代の黒人らの血。私たちは彼らの名を忘れてはならない。白人によってリンチされた子どもたち。彼らは、現代における白人優越主義のおぞましい暴力を象徴している。五〇年前も、現在も、白人は黒人を殺害する権利を有していると考えているようだ。ニガーを殺したところで、それを罪に問う陪審員も裁判官もいないことを知りながら。彼らにとって黒人の命が重要だったことはない。たった一度も。

カインは、彼の弟アベルを殺害した。しかしアベルの血は土の中から叫ぶのだ。

主はカインに言われた。「お前の弟アベルは、どこにいるのか」。カインは答えた。「知りません。わたしは弟の番人でしょうか?」主は言われた。「何ということをしたのか。お前の弟の血が土の中からわたしに向かって叫んでいる!」（創世記四・九―一〇）

ここで私たちはカインを白人の、アベルを黒人の象徴として見ることができる。神はアメリカの白人に、特にクリスチャンに問うのだ。「お前の黒人の兄弟姉妹はどこにいるのか?」白人は答える。「知りません。私たちは彼らの番人でしょうか?」そして主は言われる。「四世紀にもわたってお前たちは何ということをしたのか」。

黒人の血がアメリカ合衆国という土の中から神に向かって、そして白人に向かって叫んでいる。テキサスのサンドラ・ブランドの血、オハイオのタミール・ライスの血、サウスカロライナ州チャールストンのエマニュエル・ナインの血、ニューヨーク州スタテン島のエリック・ガーナーの血、五〇〇〇人近くのリンチを受けた黒人の血、ナット・ターナーの、デンマーク・ヴィージーの、ガブリエル・プロッサーの血、競売台の上で、鞭で打たれ、奴隷船上で「亡くなった何千の」、何百万の人びとの血。この国のあらゆる場所で黒人の血が、神に向かって叫んでいる。この黒人の叫びを聞いた者はいるか? ビリー・ホリデイが歌ったように「葉から根から滴る血」を流した「奇妙な果実」の声を？

私が五〇年以上も前（一九六七年）にデトロイトで聞いた黒人の血の叫びは、いまもアメリカ全土で響いている。当時その叫びに耳を傾けた白人はいなかったし、いまでも彼らにそれは届いていないようだ。黒人の血の叫びから、彼らの耳は閉ざされている。しかし私たち黒人は、子どもたちが川へ投げ込まれ、永遠の彼方へと捨て去られ、道端で撃ち殺されるのを前に、口を閉ざすことはしない。黒人の命は重く、神はその叫びを聞いておられる。そして黒人解放の神学は、その証しを立てる。

黒人を欠いたアメリカに未来などない。アメリカというアイデンティティと黒人は不可分の関係にあるのだから。白人は私たちをこの土地から引き離すことはできない。「ここは私たちの土地だ。私たちはここから生まれ、私たちの涙がこの地を潤し、私たちの遺体がこの土の肥やしとなっているのだから」。ラルフ・エリスンが書いた小説『ジューンティーンス』に登場するヒックマン牧師は、こう宣言する。「彼らが私たちを殺せば殺すほど、私たちは贖いの霊でより満たされることになるのだ」[1]。もちろん白人は、私たちを根絶やしにすることはできないし、私たちすべてを刑務所に収監することもできない。白人は黒人を人間として扱わねばならないのだ。さもなくば、彼らはこの土地にあって平和と平静を手にすることは永遠にないだろう。黒人はアメリカの平和を乱すトラブルメーカーなのだ。白人が自由と正義、平等を語るとき、私たちは問う。それはどの自由を、どの正義を、どの平等のことを言っているのか？　こう問われると白人は黒人を直視することはできなくなり、恥と偽善なしでは自由や正義、平等について語れなくなるのだ。

「白人は、黒人を隔てられた場に置いておくことを好むようだ。なぜならそうすることで……彼らは自分の祖先や隣人が犯した罪の責任を問われずにいられるのだから」[2]。これが多くの白人が隔離された塀付きの共同体に住む理由だろう。彼らにとって黒人とは、自らの嘘を思い起こさせる存在に他ならない。自らを、また世界を欺いている彼らは、しかし黒人の姿にその嘘を見る。それゆえに彼らは黒人を毎日見ることに耐えられないのだ。彼らにも罪の意識があるのだろう。マーティン・ルーサー・キング・ジュニアに倣い黒人解放の神学も、白人の良心に語りかけることを試みる。マルコムXが言ったように、たとえ彼らに良心などないように思えたときでさえ。

　黒人は何度でも立ち上がる。自らの人間性を認めさせる闘いを、私たちが止めることはない。私が書くのは、書くことが私の闘いだからであり、私が教えるのは、教えることが私の抵抗だからである。白人優越主義を打ち砕くために、自分のできることをしよう。抵抗するのだ。自由になるのだ。この決意において、私たちはすでに白人に勝利している。そう、私たちは自由になる。人びとが抵抗を始めるとき、それを止められるものはいない。抵抗が希望を生み、希望が人びとの背中を押し、不可能なことなど何もないと彼らに確信させる。キングが言ったように、私たちは人間として互いに生きること、互いに尊厳と敬意を持って向き合うことを学ばねばならない。そうでなければ私たちは愚か者として共に滅びてしまうだろう。生か滅びか、選択肢は他になく、私は生を選びたい。

私たちは黒人になることなくして白人と共に生きることはできないのだ。白人に敬意を持って向き合うには、まず自分自身を尊重しなければならない。マーティン・キングはそれを知っていたが、それを十分に伝えなかったために、白人や一部の黒人は彼の抵抗を矮小化してしまった。それゆえにマルコムXが必要なのだ。彼は私たちに、まず何よりも黒人であることが先であり、それ以外はすべて二義的なことだと教える。マルコムの猛烈な黒人性の肯定を恐れる白人は、彼についてあまり語らない。しかし、黒人性は黒人のDNAの一部に刷り込まれている。私たちは黒人になることなしに人間になることはできないし、人間になることができなければ、白人と共に生きることもできないのだ。

黒人神学を書き始めたときからいままで私と共にいてくれたのは、ジェイムズ・ボールドウィンである。私が死ぬときも、彼はそばにいてくれるだろう。ボールドウィンは両刃の剣なのだ。マーティンとマルコム、愛と黒人性、白人と黒人、どちらの刃も鋭利に尖っている。アメリカは「愛の共同体」に向かう途上にあって、さまざまな人びとが共存する一つの家族になろうとしている。人種や性的指向、体の大きさ、形、障害の有無、そしてその他多くの違い。ジェイムズ・ボールドウィンは、私たちの時代の預言者として立ち現れた。彼はこの多様性を、その人生と芸術において体現し、それを喜びとともに引き受けたのだ。

かつてイギリス人の記者が、ボールドウィンにこう訊ねたことがある。「作家として歩み始めたとき、あなたは黒人で、貧しく、同性愛者でした。そんなとき、『参ったな、なんて恵まれていないんだろう』とは思いませんでしたか?」ボールドウィンはキラキラした笑顔で答えた。「いや、これは一攫千金だなと思ったよ」。聴衆もつられて笑っている。彼はその瞬間を抱きしめたのだ。人間の多様性、特に普通は人が否定してしまうような隅に追いやられた多様性をその身に引き受けるために。

こんな宝の山を掘り当てたというのに、アメリカはそのことに気づいていないようだ。しかし私たちはボールドウィンのように、この多様性を喜びとともに抱きしめねばならない。弱い者や私たちのうちのもっとも小さい者を受け入れたとき、私たちの国はさらに強く、また魅力的になるのだ。まさにそんな瞬間、私はアメリカ人であることを、ア、フ、リ、カ、系アメリカ人であることを誇りに思う。何という恵みであろうか。

注

1　エリソンの小説の抜粋は以下を参照。*Living with Music: Ralph Ellison's Jazz Writings*, ed. and intro. Robert G. O' Mealy (New York: Modern Library, 2001), 210–11.

2　James Baldwin, "Stranger in the Village," in *Collected Essays*, ed. Toni Morrison (New York: Library of America, 1998), 122.

謝辞

多くの人びとの助けがなければ、この書は存在しなかっただろう。リサーチアシスタントであったエンコシ・アンダーソンの働きは計り知れない。彼が新聞記事や図書館で文献を探してきてくれただけでなく、講義準備までも手伝ってくれたおかげで、私は教えることと書くことに集中できた。

ジャマル・キャロウウェイも忘れてはならない。彼は原稿をすべて読み、有益な示唆を与えてくれた。

私の生徒たちにも感謝したい。フィランダー・スミス（リトル・ロック、アーカンソー州）、エイドリアン・カレッジ（ミシガン州）、そしてユニオン神学校と、五〇年以上の教員生活の中で出会ったすべての学生に。

ユニオンの学生、教員、経営陣、スタッフ、理事会の人びとには特に謝意を示す必要があるだろう。私の職務であった教育と研究に対する多大なるサポートに感謝している。

一八年にわたって私の秘書を務めてくれたビクトリア・フリオにも、特別な感謝を伝える。彼女の事務能力なしでは、自分の望むように執筆や教育を行うことは不可能だった。膨大な量の授業資料を管理し、黒人解放の神学について話しに来る学生や同僚以外の人間から私を守ってくれたのは、彼女である。この本の原稿を真っ先に読んでくれた彼女は、励ましと批評を与えてくれた。

私のもとで博士号を取得していった四〇人以上の学生に対する謝辞を、どうしたら適切に言い表すことができるだろうか。彼らは私を助け、またときに私に挑戦し、そして私を超えていったのだ。また教会や学問の世界において、黒人神学を主要な地位まで押し上げてくれたさまざまな学問分野の黒人研究者（女性も男性も）にも感謝している。私の黒人解放の神学についての省察には、彼らから学んだことも多い。

私の同僚であり友人のエレイン・ペイゲルスにも、心からの感謝を捧げる。彼女は、本書の執筆過程に初めから終わりまで関わってくれた。

オービスで私の本の編集を長年務めてくれたロバート・エルズバーグは、本書を執筆する可能性を初めて伝えたときから、私を励まし続けてくれた。彼の編集者としての技術は、執筆に欠かせないものだった。私を自分自身から守ってくれ、冗長な表現を簡潔にし、私の声ができる限り明確にまた力強く流れ出るように、助けてくれた。しかし何よりも、彼が与えてくれた友情に深く感謝する。

息子のチャールズは、私の原稿を読み、議論し、私が必要としていた励ましをいつも与えてくれた。感謝している。同時期に彼は初めての小説を執筆していた。私はそれを読み、彼が私にしてくれたことを彼にもしようと努めた。互いに原稿を読み合うことで、私たちの愛と友情は深まったのだ。彼の母親で私の前妻であるローズは、私たちが共にいた時期について書いた章を読んでくれた。彼女の助けがあったからこそ、ギャレット、フィランダー・スミス、エイドリアン、ユニオンでの出来事、書くことをめぐる葛藤、また忘れていた白人の存在などを思い出すことができた。ありがとう。私の娘、クリスタルとロビン、そして孫娘のジョリー・ヘンダーソン、息子のマイケルとその妻ジェイニー、孫息子のマイルズにも、感謝している。執筆の間、彼らの愛と励ましに何度助けられたかわからない。

最後に、半世紀以上にわたって、私の著作を熱心に読んでくれた読者に感謝を申し上げる。自分が書いたものを誰かが実際に読んでくれるということは、興奮に満ちた価値ある時だった。

訳者あとがき

冗長なあとがきは不要だろう。本書の雄弁を前に、解説を加えるなど野暮ったい。ただ一言、ジェイムズ・コーンの言う神学的言語というものに倣って、こう書こう。この本は、ジェイムズ・コーンの霊歌であり、ブルースであると。いや、何よりも、本書は赤々と燃え盛るコーンの炎なのだと。

ジェイムズ・コーンはもうここにはいない。彼が愛聴したアレサ・フランクリンに先立つこと四ヵ月、二〇一八年四月二八日に、彼はヨルダン川の向こうへと渡って行った。七九歳だった。彼が病であることは聞いていた。コーンは生前、私も出席していたユニオン神学校でのセミナー中、生徒にガンを患ったと告げていたのだ。それは何も深刻な告白という類のものではなく、まるでレポートの提出期限でも伝えるかのようなごく自然な報告だった。だからこそ、それからほぼ一年後に彼の死を知ったときは、悲しみを感じながらもその突然の知らせに戸惑いを覚えたのだ。コーンは死の二ヵ月前まで、本書のために筆を握っていたという。おそらく彼自身も、あと一章、いやあと二章は書き加えられるほどには、時間が残されていると考えていたのではないだろうか。本書がやや唐突に幕を閉じるのはそのためだ。彼が遺言でも残すかのように書いた本書は（事実、本書はコーンの死後に出版された）、彼の人生を振り返る半自伝的な内容となっている。彼のことをよく知る読者にとって本書は、コーンが「誰にも言わないつもり」でいた物語、つまり一連のコーンの著作にまつわる諸背景を知る機会となるだろうし、初めてコーンの神学に触れる読者にとっては、本書が黒人神学への格好の入門書となるだろう。

私が彼の神学と出会ったのは、まだ二〇代前半のころだった。西洋中心主義的な神学という学問を学ぶことに行き詰まっていた私は、コーンの熱情あふれる神学に心を動かされたのだ。もっとも当時、それから数年後に彼から直接学ぶ機会を得るとは、想像すらしていなかった。私がユニオン神学校に入学したのは二〇一五年のことで、教室はブラック・ライブス・マター運動の熱気が支配し、ハーバードへ移る前のコーネル・ウェストがデュ・ボイスやヘッシェルについて熱弁をふるっていた。コーンは私の指導教授を引き受けてくれ、私は彼から大いに学んだ。「神、苦難、そして人間」「キング牧師とマルコムX」そして、結果的に彼の最後のセミナーとなった「黒人神学」。これら三つのセミナーに参加したが、それは知的で霊的な、他では得がたい学びの体験であった。初めて提出したペーパーが、真っ赤に訂正されて返ってきたことを覚えている。よく見ると、文法上の誤りが逐一指摘されていた。自分の英語力に愕然としつつ、コーンの神学者としての厳しさを垣間見た気がした。書くことを、言葉を、決して蔑ろにはしない人だった。しかし、誤解を恐れずに言えば、ジェイムズ・コーンはその根本において説教者なのである。「説教できないものを書きたくはない」と彼は本書で記すが、それは偽りのない言葉だろう。彼の授業はさながら礼拝といったところか。小休憩を挟んだ授業の後半は、そんなコーンのソロから始まる。彼がそのとき書いている文章を、生徒に向けて読んで聞かせるのだ。その語り口はまさしく説教者のそれであり、その場の過半数を占める黒人学生が時折発する「アーメン！」という応答は、コーンの言葉に独特のリズムを与えている。二〇分におよぶ彼のソロは、その終わりに近づくにつれ叫びとも祈りとも聞こえる声へと変容してゆき、奴隷の霊が乗り移ったかのような迫力を前に私はノートを取ることも忘れて、ただただ彼の言葉に聞き入っていた。あの魂を掴まれる体験は、他の大学はおろか、教会の礼拝でさえしたことがない。

本書の原稿も、それが出版される形になる前にコーンが授業で読むのを聞いていた。それは「黒人神学」のセミナーでのことで、毎回その日に準備してきた原稿を読み終わると、コーンは生徒に訊ねるのだった。「この文章をどう思う？　何か質問は？」このように私にとって本書を読むという行為は、コーンの声を聞くという体験と不可分に結びついており、それを翻訳するという行為は、私が読んだコーンの言葉だけでなく、私が聞いたコーンの声をいかにして日本語のニュアンスに込めるか、という挑戦でもあった。コーンの文章というものは、これまでに既刊のものも含め、読まれることのみではなく、聞かれること、話されることを前提としており（それをコーンは黒人のスタイルと呼ぶ）、もしそのことが訳文から伝わってこないのであれば、それはひとえに訳者である私の力不足であろう。彼に説教させよ！

授業中、コーンに質問したことがある。「あなたは最初の本を書くとき恐れを感じませんでしたか？　キング牧師ですら、モンゴメリーでバスボイコット運動を率いていたとき、恐れを感じていたと言います。あなただってブラック・パワーについて書くことには、それなりのリスクを伴ったはずです」。もちろん私の拙い英語でこんなにうまく聞けた訳ではないが、コーンは質問の意図を理解してくれたようで、答えてくれた。「キング牧師と私は違うからね。彼がセルマで人を呼べば、何千もの人びとが集まったが、私がそうしても誰もセルマには現れないだろう」。彼は笑いながらそう言う。「それが力というものだ。私にそんな力はない。それでも何かを始めたら、後戻りはできないのだ。最初の本を書いたとき、もう後戻りはできないとわかっていた。私はキングやマルコムが払った代償を払わなかったけれど、真剣に神学と向き合ってきた。私の神学は、奴隷船や競売台、リンチの木に対する証しなのだ。だから、書くときに何かを恐れたことなど一度もないよ」。教室は拍手で包まれていた。

コーンの神学は、黒人の血への証しである。彼は証人として、目撃者として立ったのだ。

私は黒人の苦しみを見た！　もちろん、神学者としての彼の役割は、黒人の苦しみを証しすることのみならず、そこにイエスの姿をも証しすることであった。黒人と共に鞭打たれ、リンチを受け、血を流すイエスの姿を。いやそれだけでなく、黒人の苦しみの中にあって、彼らを勇気づけ、癒し、立ち上がらせたイエスの姿を。こうして二〇〇〇年前のイエスの出来事は、いまここに刺し貫かれた現在的な出来事として立ち現れる。本書で見ていただいたように、過去を手繰り寄せ、それを黒人の苦しみというカタストロフのただ中で共鳴させていく、そんなコーンの預言的な神学技法は鮮やかであり、説得力に富む。彼はイエスの場と、イエスの時間を問うのだ。

もちろんこのような声はコーン一人のものではない。グスタボ・グティエレス、イグナシオ・エラクリア、ジョン・ソブリノ、レオナルド・ボフ、C・S・ソン、アロイシウス・ピエリス、小山晃佑、金容福《キムヨンボク》……。一九六〇年代後半から時をほぼ同じくして、彼らはそれぞれの地にあって、その歴史的な文脈における苦難と闘いへの応答としての神学を実践した。彼らの先駆者としての役割は計り知れない。解放の神学、アジアの神学、女性神学、アフリカの文化の神学、そして黒人神学……。総じて文脈の神学とも呼ばれるこれらの神学がなければ、私たちは黒人のイエスについても、アジア人のイエスについても、性的マイノリティのイエスについても語る言葉を持たなかっただろう。現代においても彼らの残した神学は、いまだ西洋中心主義、そしてその植民地主義的遺産から抜け出せずにいる神学という学問の中にあって、批判的に継承されている。取り急ぎ黒人神学に限れば、コーンも本書で言及していたように、現代神学の最前線を行くクィア神学や女性神学、また広くブラック・スタディーズや批判的人種理論などの分野において、その影響を見ることができる。

もっとも、コーンをこのような狭義の学問的側面からのみ評価、批評してしまっては、彼の神学を真に理解することはできない。コーネル・ウェストがコーンの葬儀で叫んだように、またコーンが幾度となく本書で繰り返したように、私たちはコーンがその双肩に背負った十字架を通して、彼の神学と格闘することを試みねばならない。黒人の血、黒人の苦しみ、痛み、そして死。黒人の闘い、人間であることを求める彼らの闘い、自由そして解放。本書を日本語で読む私たちのうちほとんどは、そんな黒人の歴史の重みを前に、たじろぎを感じてしまう。黒人の苦しみは、「誰も知らない」(黒人霊歌)苦しみなのだ。しかし、そのたじろぎを迂回し、彼の神学を既存の神学体系――それは同時に西洋の神学体系を意味する――の中においてのみ理解しようとしてしまうなら、私たちは彼の神学と(また解放の神学、アジアの神学など他の文脈の神学と)、いつまでも誠実に向き合うことができないのではないか。また反対に、彼の神学を無批判に受け入れ、それを繰り返すことに終始してしまうなら、私たちはたじろぐ機会を失ってしまうだろう。彼の思想をただまとめただけの論文を、コーンは決して評価しなかった。たじろぎ止まるところに契機がある。彼の神学の安易な(非)受容を拒否し、彼の背負った歴史の前で立ち止まってこそ、彼の神学を私たちの歴史的文脈において大胆に読み、また読み直していく可能性が生まれるのである。

このコーンが背負った「黒人の歴史」という表現は、少し説明が必要だろう。つまりコーンにとって黒人の歴史とは、背負うか背負わないかの選択肢としてではなく、背負わざるを得ないものとしてある。黒人として南部のアーカンソーに生まれ育ったコーンには、それを背負わないという選択肢はなかった。黒人の歴史はコーンに応答を強いるのだ。コーンはそんな否応無く迫られる応答の手段として神学を選び、白人優越主義が支配する世界にあって、狂わないでいるために、黒人であるために、そして生き延びるために書く。B・B・キングがブルースを歌い、ジェイムズ・ボールドウィンが小説を書いたように。自ら背負わされた十字架を引き受け、それに応答していく、これを私はコーンの基本となる神学的態度だと考えるが、これはキリスト教的に表現するなら召命に応えるということであろうし、より平易に言えば呼びかけに応えるということであろう。もしくはブルースフィーリングを頼りにこう言うこともできるかもしれない。つまり、コーンの神学の核は、コール&レスポンスにあると。本書の冒頭がデトロイトの暴動から始まるのは、どこか象徴的である。黒人の暴動はコーンに応答を強いたのだ。同様にキング牧師の暗殺にもコーンは応答せざるを得なかったし、リンチの歴史を前にコーンは本を書かざるを得なかったのだ。

自分を呼ぶものに対して応えていくこと、そこにはある種の誠実さを伴う。英語ではインテグリティとも呼ばれるこの「誠実である」ということは、自分がどこから来たのかを覚えるということであり、応答することに自分の全存在をかけるということであり、何よりも自分の魂に火を灯すということである。コーネル・ウェストがよく引用するW・E・B・デュ・ボイスの言葉がある。「誠実さは、いかに抑圧に相対するのか？」これはコーンの問いでもあった。自らの歴史に誠実であることは抵抗になるのか。誠実に神学をすることが解放となりうるのか。コーンが「書くことは私の闘いであり、教えることは私の抵抗であった」と最後に記すとき、私たちはそこに一つの答えを見る。

デュ・ボイスの問いには続きがある。「欺瞞のただ中にあって真実であることは何をなすのか？　侮辱のただ中にあって品位を保つことは何をなすのか？　人間であることは、血なまぐさい権力に対し何をなすのか？」（W.E.B. Du Bois, *The Ordeal of Mansart*, ed. Henry Louis Gates, Jr. New York: Oxford University Press, 2007, 241.）誠実であること、真実であること、品位を保つこと、人間であること、これこそ黒人の抵抗の歴史が生み出した最良の部分である（それを私は霊性、スピリチュアリティと呼びたい）。それは、マルコムXとキング牧師がそれぞれの闘いの中で体現した伝統であり、二人の間にあってスウィングするコーンの黒人神学にもまた、この最良の部分が脈々と根づいている。人間以下の存在として絶えず扱われる中で、人間であることを求める闘い。誠実さでもって不誠実と相対し、品位を保ち堂々と真実を語る闘い。それは、神への信仰なしでは、音楽なしでは、決してなし得ない闘いなのだ。コーンの神学はそのことを明確にする。そのような黒人の闘いは、人間であることを求めて闘っている世界中の共同体の中で共鳴していく。もちろん日本も例外ではなく、私が学ぶ沖縄という地を含め、コーンの神学が共鳴しうる場は無数にあるだろう。本書が、閉ざされたキリスト教神学という世界を飛び越えて、そんな人びとのうちで読まれるようになればと願う。そのような場においてこそ、コーンの神学は真に雄弁に語り始めるのだから。

私もそろそろ筆を置こう。訳者あとがきとしては少々的外れな文章だったかもしれない。しかしコーンの文章を訳したあとでは、それも致し方ない。「説教できないものを書きたくはない」という気分に私もなってしまったのだ。まだ書きたいことはある。コーンの神学のリズムについて、彼がボールドウィンについて長く書いたのは本書が初めてだったということについて、神学においてラディカルであるということについて、日本におけるコーンの神学の（非）受容について。しかし冗長なあとがきは不要であると書いたばかりであるし、本書の行方はこれを読む読者に託したい。

最後に、本書の表題は“Said I Wasn't Gonna Tell Nobody”（誰にも言わないと言ったけれど）という黒人霊歌から取られている。また各章の章題も、この曲の歌詞の引用である。コーンの葬儀では、アビシニアン・バプティスト・クワイアによる同ゴスペルの格別な演奏が流された。この曲は喜びを歌う。主から受けた恵みに対する、もはや自分では抑えることのできない喜び。足は勝手に動き出し、口は自然と語り出す。コーンにとって黒人の歴史が背負わざるを得ないものとして存在したように、この喜びもまた、自分ではコントロールできないものとして存在したのだろう。もちろん、こう問うこともできる。つまりあれほどの怒りに満ちた神学者が、黒人の苦しみとあれほどまでに誠実に向き合った神学者が、なぜ最後に喜びを語るのか。これこそコーンが最終章でボールドウィンを通して論じてきた、理性でもっては理解し得ない「逆説」というものなのだろう。そう、コーンは「逆説の神学者」なのだ。コーンの黒人霊歌でありブルースである本書を読むとき、彼のファンキーなリズムに耐えかねて体が自然と動き出すならば幸いである。なぜならこれこそ応答（リスポンス）するということなのだから。さあ私たちは、誠実に体を揺らそう。魂に炎を燃やし、自分の声を見つけよう。それぞれの場にあって私たちは皆、呼ばれているのだ。

本書を訳すことは、多くの人びとの支えによって初めて可能となった。何よりもまず指導教授だったジェイムズ・コーン先生に感謝したい。彼と出会わなければいまの私はなかった。彼の本をいつか訳したいと伝えたときも、快諾していただいた。それがこんなに早く実現するとは想像していなかったが、本書の翻訳で少しでも彼に負っているものを返せたのなら、コーンの生徒としてこれ以上の喜びはない。次の方々にも、感謝したい。コーンが亡くなった直後に本書の翻訳の意思を伝えたときから励ましてくださった中村吉基先生。実績のない私に翻訳を任せてくださった新教出版社の小林望さん。本書を担当してくださった編集者の堀真悟さん。コーンの著作のほとんどを翻訳された梶原寿先生。数年前に逝去された先生とは直接お会いする機会を得なかったのだが、彼の著作、訳書がなければ、私がコーンと出会うことはなかっただろう。またいつも私を迎えてくれるアシュラムとゴーバルという二つの共同体にも特別な感謝の意を伝えたい。アシュラムの祈りは、いつでも私に力を与えてくれた。ゴーバルの人びとは、本書の原稿をすべて読み、必要な励ましをくれた。翻訳した原稿を誰よりも先に読み、校正してくれたのは妻である。また一歳になった娘は、できたばかりの原稿を私が読み上げるのをいつも聞いてくれた。ありがとう。最後に、次の人びとの名を記すことを許していただきたい。

榎本てる子、河村耐子、後宮俊夫

本書は、彼らのことを思いながら翻訳した。皆、コーンと前後してヨルダン川の向こうへと渡って行った私の大切な人びとだ。彼らが私に残してくれた神聖な思い出が、いまの私を支えている。

本書が一人でも多くの方々の立ち上がる力となることを願いながら

チャペルヒル、串原、近江八幡にて

榎本空

著者　ジェイムズ・H・コーン（James H. Cone）

1938年、米・アーカンソー州生まれ。アフリカン・メソジスト監督教会牧師。黒人解放の神学の提唱者としてユニオン神学校教授を務め、2018年にはアメリカ芸術科学アカデミーのフェローに選出された。邦訳書に『イエスと黒人革命』『解放の神学』『抑圧された者の神』『黒人霊歌とブルース』（新教出版社）、『十字架とリンチの木』（日本キリスト教団出版局）などがある。2018年4月28日、逝去。

訳者　榎本空（えのもと・そら）

1988年、滋賀県に生まれ、沖縄県伊江島で育つ。同志社大学神学部修士課程修了。台湾・長栄大学で神学者C.S. ソンに師事。米・ユニオン神学校S.T.M. 卒業。2018年よりノースカロライナ大学チャペルヒル校人類学専攻博士後期課程に在籍。

誰にも言わないと言ったけれど
黒人神学と私

2020年3月31日　第1版第1刷発行
2021年6月10日　第1版第2刷発行

著者　ジェイムズ・H・コーン
訳者　榎本空

装釘　宗利淳一
発行者　小林　望
発行所　株式会社新教出版社
〒162-0814 東京都新宿区新小川町 9-1
電話（代表）03 (3260) 6148
振替 00180-1-9991
印刷・製本……モリモト印刷株式会社

ISBN　978-4-400-32357-0　C1016